나는
이완용의 글씨가
궁금했다

나는 이완용의 글씨가 궁금했다

— 근대 한국의 서화계와 붓글씨 이야기

2026년 2월 9일 1판 1쇄 발행
2026년 3월 25일 1판 2쇄 발행

지은이　　　강민경
펴낸이　　　박혜숙
디자인　　　이보용 김진
펴낸곳　　　도서출판 푸른역사
　　　　　　우) 03044 서울시 종로구 자하문로8길 13
　　　　　　전화: 02)720-8921(편집부) 02)720-8920(영업부)
　　　　　　팩스: 02)720-9887
　　　　　　전자우편: 2013history@naver.com
　　　　　　등록: 1997년 2월 14일 제13-483호

ISBN 979-11-5612-321-7 03900

• 잘못 만들어진 책은 교환해드립니다.

나는
이완용의 글씨가
궁금했다

· 강민경 지음 ·

근대 한국의 서화계와
붓글씨 이야기

푸른역사

일러두기

1. 이 책에서 '근대' 는 1876년 개항부터 1945년 해방 사이 약 70년간의 시기를 포괄하는
   용어로 사용하며, 1910년 일제의 대한제국 강점부터 1945년 해방 사이 약 35년간의
   시기를 특정할 때는 '일제강점기' 로 일컫는다.
2. 이 책에서 '조선' 은 1897년 대한제국 성립 이전과 1910~1945년 사이
   시기 한반도에 존재한 국가 또는 식민지 사회를 의미한다.
3. 근대의 사료, 특히 신문기사를 인용하는 경우 어법은 현대 맞춤법을 따르되,
   표현과 어투는 되도록 당시의 것을 그대로 사용하여 시대의 분위기를
   느낄 수 있도록 했다. 일본어 사료는 한국어로 번역하여 인용했다.
4. 한자, 생몰년도(재위년도)는 처음 등장하는 부분에 1회 병기하고,
   그 뒤는 쓰지 않는다. 단 생몰년을 알 수 없는 경우는 기재하지 않는다.
5. 국립박물관 소장품 사진은 e뮤지엄에서 다운로드하여 인용하며,
   소장처를 표기했다. 기타 기관 소장품 사진은 해당 기관 정책에 따라
   저작권 문제를 해결했다. 개인 소장품 사진은 소장자에게 허락을 받아 게재했다.
   사진의 저작권을 확인할 수 없는 경우는 추후 저작권자를 찾아
   절차에 따라서 허가를 받고 적합한 저작권료를 지급하고자 한다.
6. 책의 내용 이해를 돕기 위해, 관련 사실을 제공하는 〈칼럼〉을 각 장 말미에 덧붙인다.

이 책에는 한문으로 적은 붓글씨가 여럿 등장한다.
서체가 모두 제각각이지만, 대체로 다음 다섯 가지를
벗어나지 않는다. 이완용은 각 서체에 다 능했다고 하나,
주로 해서와 행서를 많이 썼다.

전서篆書
한자가 발생할 당시의 모습에
가장 가까운 서체

예서隸書
중국 한나라 때 작성 편의를 위해
획수를 줄여 만든 서체

해서楷書
정자체라고도 하는,
글자를 단정하게 쓰는 서체

행서行書
해서의 획을 살짝 흘려서 붓으로
쓰기 쉽게 한 서체

초서草書
전서나 예서 획을 극도로 줄여
쓰기 쉽게 만든 서체

머리말

이 책이 다루는 주제는 이완용李完用, 동명이인이 아니라 바로 그 매국노 이완용과 그를 둘러싼 근대 한국 예술계, 그 시절 말로는 서화계書畵界 이야기입니다. '이완용'이라는 역사 속 인물이 가지는 파급력은 저 옛날에도, 지금 이 순간에도 결코 작지 않습니다. 그는 제 나라의 주권을 다른 나라에 넘기고 동포를 식민지 백성으로 만든 큰 죄를 저질렀습니다. 그 매국의 죄는 100여 년이 지난 지금까지도 우리에게 큰 고통을 남기고 있지요. 그런 이완용을 다룬다? 제가 평소 존경하는 어떤 분은 한 마디 말씀만 주시더군요. "잘못하면 다쳐!" 저 역시 그걸 모르지 않습니다. 그럼에도, 이 책을 꼭 쓰고 싶었습니다.

저는 어릴 적부터 옛 어른들이 붓으로 쓴 글씨에 관심이 많았습니다. 나이가 들어 역사를 공부하면서는 더욱 이에 흥미를 가졌지요. 그런데 그러다 보니, 이른바 '명필'로 거론되곤 하는 사람들 중, 매우 특이한 이력의 소유자를 하나 알게 되었습니다. 바로 이완용이었습니다. 한일강제병합조약에 서명해 대한제국의 국권을 일제에 팔아넘긴 매국노 이완용과 당대에 붓글씨 쓰기를 즐기고 그것으로 이름을 떨쳤던 서가書家 이완용은 같은 사람입니다. 어쩌다 보니 TV 프로그램에서, 책 속에서, 경매 누리집에서, 수집가의 창고에서, 또 박물관 수장고에서 이완용이 쓴 붓글씨를 여러 점 만나게 되었습니다. 세상에 적잖이 돌아다님에도 낮게 평가받는 그의 글씨를 보며 저는 늘 머릿속에 물음표가 떠올랐습니다. 과연 이완용의 글씨는 어떤 글씨이고, 그는 한국 근대미술사 속에서 어떤 위치를 차지하고 있는가? 독립문 현판의 글쓴이를 두고 여러 해에 걸쳐 벌어진 일대 논쟁을 보면서, 이런 생각은 더욱 구체화되었습니다.

한국의 이른바 '근대' 시기 예술계 동향을 다룬 책과 논문을 여럿 읽어 봐도, 그를 주인공 또는 비중 있는 조연으로 다룬 글은 거의 찾아볼 수 없었습니다. 이완용을 주제로 한 연구는 주로 그의 정치 행적에 초점을 맞추고, 붓글씨 이야기는 그저 곁가지 정도에 그치고 있었죠. 하지만 들여다보면 볼수록 그가 근대 한국 예술계에 끼친 영향이 적지 않음을 확인할 수 있었습니다. 그가 살던 시절 이 땅의 예술계가 도대체 어떠했기에, 정객政客 이완용이 당당히 한 자리를 차지할 수 있었을까요.

이런 의문을 품은 채 한동안 지내다가, 저는 어느 순간 이완용과 그의 글씨, 그리고 이를 통해 드러나는 근대 한국 서화가書畵家—이들은 대부분 당대를 이끄는 지식인이기도 했습니다—의 움직임에 속된

머리말

말로 ‘꽂혀’ 버렸습니다. 매국노로서의 이완용이 아니라 ‘근대의 지식인이자 교양인’으로 일컬어졌던 서가 이완용을 추적하고, 한번 내 나름대로 정리해 보자! 그렇게 마음먹고 우선 사료와 선학先學의 연구 성과를 하나하나 모으기 시작했습니다. 일을 마치고 집에 돌아오면 노트북 앞에 앉아, 박물관과 도서관이 구축해 놓은 데이터베이스에서 옛 책과 신문 속 이야기를 뒤졌지요. 쉬는 날에는 도서관 서가를 들락거리고 당대를 살았던 사람들이 거닐던 현장을 직접 찾아갔습니다. 그 여정 속에서, 이완용이 1911년 상반기 여섯 달의 삶을 친필로 적은 일기를 찾아내는 기쁨을 누리기도 했고, 제게 익숙한 중세사와는 다른 근대사 연구의 매력에 빠져들기도 했습니다. 그렇게 축적한 자료들을 바탕으로, 그가 붓을 들었던 시대와 그의 글씨에 얽힌 사연들을 이 한 권의 책에 담아냄으로써, 한국 근대미술사가 조금이나마 더 풍성해질 수 있기를 감히 기대해 봅니다. 덧붙여 밝히자면, 이 책은 이완용이라는 인물에 대한 심판을 이어가거나 그가 남긴 작품의 우열을 판정하는 데 목적을 두지 않았습니다. 이 책은 한국 근대 서화계의 구조 속에서 움직였던 인물 중 하나로서 이완용을 위치 지으며, 그가 남긴 미술사적 사실을 드러내는 데 초점을 맞추고자 했습니다. 다시 말해, 이 책은 특정 인물에 대한 가치 판단을 내리기보다 한국 근대 미술사와 미술사회사를 연구하는 하나의 방법을 시험해 본 결과인 셈입니다. 그 점을 염두에 두고 이 책을 읽어주셨으면 합니다.

늘 그렇지만 이 책을 준비하면서 많은 분께 신세를 졌습니다. 《역사 컬렉터가 사는 법》을 쓰신 박건호 선생님, 《미술시장의 탄생》을 쓰신 손영옥 선생님, 《경성의 화가들, 근대를 거닐다》를 쓰신 황정수 선생님, 이 세 분의 저작에서 많은 영감을 얻었고, 때로는 직접 의문스러운 점을 여쭤 보면서 책의 뼈대를 세울 수 있었습니다. 박건호 선생님과 황정수 선생님께서는 귀중한 소장품의 도판을 흔쾌히 제공해 주시기도 하여, 책의 모양을 갖추는 데 큰 도움을 받았습니다.

초고를 읽고 여러 조언을 해 주신 많은 선생님들께도 감사를 표합니다. 이분들의 격려와 가르침이 아니었으면 책의 방향을 잡는 데 훨씬 더 많은 시간과 노력을 들여야만 했을 겁니다. 특히 강명관 선생님과 이수연 선생님, 임기환 선생님께서는 매우 꼼꼼하게 글을 읽으신 뒤 다양한 문제점을 세밀히 짚어 주셨고, 박환 선생님과 배우희 선생님, 윤필상 선생님, 천수진 선생님께서는 필자가 깊이 알지 못했던 한국 근대사의 여러 가지 생각해야 할 지점을 친절히 가르쳐 주었습니다. 김현경 선생님과 정인성 선생님께서는 지금 문법과는 다른 고서古書 속 옛날 일본어 문장의 해석을 많이 도와주셨습니다. 내용 전개에 큰 시사점이 되는 사실 몇 가지를 알려 주신 김상엽 선생님과 장혜윤 선생님께도 감사드릴 따름입니다.

여러 근대 서화작품의 도판을 제공하고 흥미로운 자료를 알려 주신 고은비·이주화·석지훈 선생님, 직접 촬영한 유물 사진의 이용을 허락해 주신 강정효·송혁기·이수연 선생님, 필자가 가진 몇 안 되는 작품을 멋지게 찍어 주신 사진작가 김병국 선생님, 귀한 소장품을 보여 주고 도판 사용을 허락해 주신 한 수집가의 도움도 잊기 어렵습니다.

직접 뵙지는 못했지만 《이완용 평전》을 쓰신 윤덕한, 김윤희 두 분께도 고마움을 전합니다. 두 분의 주장에 동의하기 어려운 부분도 있지만, 그와는 별개로 두 분의 글이 아니었다면 이완용이라는 인물의 사람됨과 그가 살던 시대의 여러 면모를 파악하는 데 큰 어려움을 겪었을 겁니다. 이렇게 인기 없고 욕 얻어먹기 딱 좋은 주제를, 그냥 묻어 버리지 말고 책으로 내자 권하신 푸른역사 대표 박혜숙 선생님께도 감사한 마음뿐입니다. 글과 도판의 오류를 바로잡고 책을 잘 꾸며 주신 편집자 선생님과 디자이너 선생님의 공덕 또한 기록하지 않을 수 없습니다.

아아! 모자란 자식의 앞길을 늘 걱정하시는 부모님과, 여러모로 많이 부족한 저를 언제나 보듬어 주는 나의 사랑 예원에게 이 책을 바칩니다. 삼가 이 책이 세 분의 자그마한 자랑거리가 되기를 바랍니다.

해방 80년 되는 2025년 12월, 거친 바람 부는 겨울밤
사라봉 아래 서심재舒心齋에서
저자 쓰다

들어가기 전에
― 매국노 일당 씨의 하루

이 책의 주인공, 나라 팔아먹은 일당―堂 씨가 191X년 어느 날 하룻동안 겪었을 몇몇 장면을 《일당기사―堂紀事》와 그의 일기, 당시의 신문, 회고담 같은 자료를 토대로 소설처럼 재구성했다. 글의 이해를 돕기 위해 허구를 약간 섞은 터라 그가 꼭 이대로 살았다고 말하기는 어렵다. 하지만 사료를 토대로 일당 씨가 한 '행동'을 모두 고증했기에, 적어도 이 책의 내용과 그가 살던 시대의 분위기를 엿보는 데는 도움이 되리라 본다.

#1. 오전 8시 ― 경성京城, 옥인동玉仁洞 19번지

언제나처럼 같은 시간에 아침이 시작된다.

서양맥죽西洋麥粥(오트밀), 달걀프라이, 소금에 절인 돼지고기에 과일 몇 조각, 거기에 뜨거운 김이 솟아오르는 커피까지. 하나같이 옻칠

한 소반 위에 올라가기엔 낯선 것들이다. 하지만 여기 이곳에서만큼은 낯익은 풍경이다. 이 집 주인이 바다 건너 미리견米利堅(미국)을 다녀오면서 들인 습관이다.

그는 많이 먹지 않는다. 어떤 것이든 서너 번 이상 젓가락을 대지 않는다. 정오 즈음 먹는 점심으로는 백미로 지은 밥에 물고기, 산나물 두세 가지만 올리게 했고, 저녁은 오후 7시쯤 드는데 그 또한 '검박하게' 차리게 했다.

말없이 식사를 마친 그가 커피잔을 들어 입에 댄다. 중국 차나 홍차를 마실 때도 있지만, 오늘 그의 선택은 얼마 전 창덕궁 전하(순종)께서 하사한 가배珈琲(커피) 기구로 내린 가피차枷皮茶, 다른 말로 커피다. 그의 선호 덕분에 가배 기구는 쉴 틈이 그리 많지 않다. 그윽한 커피 향이 콧속을 헤집으며 이내 입안에 꽉 들어차는 듯싶으면, 아침 식사는 마무리된다.

그의 하루가 이어진다. 8시에서 9시 사이, 내당內堂에 들어갈 때가 되었다.

#2. 오전 11시 – 경성, 옥인동 19번지

사아악…… 사아악…….

연적을 들어 벼루에 물을 붓고, '이왕가미술공장조李王家美術工場造'

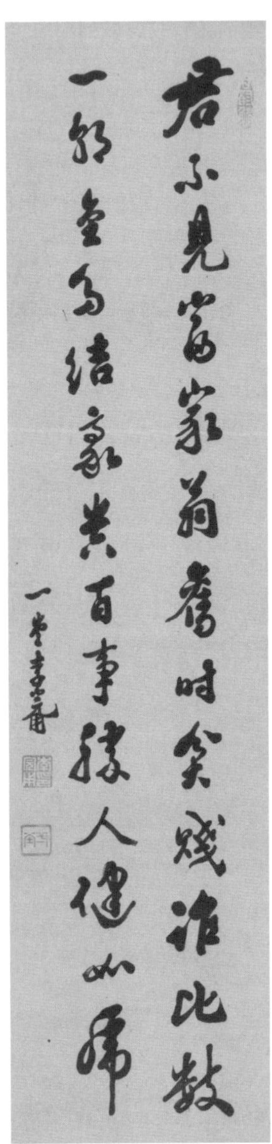

라 새겨진 먹을 들어 벼루 위에서 돌린다. 차츰 진한 먹빛이 우러나온다. 이 집 주인은 주변에서 "필가筆家의 독보獨步"라 부를 정도로 나름 붓글씨에 일가견이 있다. 질 좋은 양호필羊毫筆이며 상하이 어느 지물포 도장이 찍힌 고급 선지宣紙, 서화를 칠 때 쓰는 화견畵絹이 방 모퉁이에 산더미처럼 한가득 쌓여 있다.

어느 해이던가, 그가 남선南鮮(조선의 남부 지방) 여행을 하다가 대전에 들른 적이 있었다. 어느 여관에 묵었는데, 꽤 오래전 그가 젊었을 때 쓴 글씨 하나가 벽에 붙어 있었다. 그는 당장 여관 주인을 불렀다. "저 글씨 떼어내 버리게. 대신 내가 새로 써 줄 터이니." 예전에 쓴 글씨를 다시 보니 스스로 만족스

〈그림 1〉 이완용, 〈행서行書 행로난〉.
　　개인 소장.

　　　　　　　　　　들어가기 전에

럽지 못했던 게다.

그만큼 그는, 특히 중년 이후의 그는 자기 글씨에 자부심이 컸다. 나이 들수록 실력이 진보하여 예전의 자신을 넘어섰다고 생각할 정도로. 술도 잘 안 마시고 성색聲色도 그리 즐기지 않는 그에게, 몇 없는 취미가 바로 이 서도書道 탐닉이었다. 그는 언젠가 이렇게 말한 적이 있다. 서경필묵書經筆墨이 모두 내 벗이라 일생 외로운 줄을 알지 못하겠노라고.

어느새 벼루 위에 먹물이 가득해지자 주인은 붓 하나를 들어 거기에 담는다. 먹물을 흥건하게 빨아들인 붓털을 잘 가다듬고는 붓대를 집어든다. 그리고 앞에 펼쳐진 종이에 한 자 한 자, 천천히 글자를 적기 시작한다. 당나라 때 시인 고적高適(704~765)의 시 〈행로난行路難〉이다.

그대 부잣집 늙은이를 보지 못했던가

옛날 가난하고 천하던 때 누가 운수를 견줬으랴

하루아침에 큰돈을 벌어 권세가와 사귀고

무엇이든 남보다 나으니 범처럼 굳세도다

어쩐지, 그다운 글이다. 그는 낙관을 한 후 글씨를 방 한쪽에 곱게 옮겨 펼쳐 놓는다. 그러고는 새롭게 종이를 깔고 문진文鎭을 올린다. 아직 그의 옆에는 빈 종이와 비단이 많이 남아 있다.

#3. 오후 3시 – 경성, 옥인동 일대

"날씨가 참 좋군 그래."

"옙!"

인왕산 아래, 멀리 북악산이 보이는 이 동네에 이사 온 지도 몇 년
되었다. 정미년(1907) 그가 살던 집이 불탄 이래 제집 없이 떠돌아다니
다가 드디어 한 몸 누일 곳 얻은 게 얼마 만인가. 그는 참으로 살맛이
났다. 높은 작위도 받았겠다, 어마어마한 은사금도 받았겠다, 아들도
출세하고 손자도 여럿 보았으니 세상 살아가는 재미가 이런 것이구나
절감하고 있었다. 거기에 기와지붕과 초가지붕의 파도가 넘실거리는
경성, 이 경성을 통틀어서도 몇 채 없는 대저택의 주인까지 되었으니
더 이상 부러울 게 없었다. 남들은 허리에 찬 칼이 절걱대는 소리만 들

〈그림 2〉
이완용이 살던 서울 종로구
옥인동 19번지 일대.

어도 두려워 도망치는 순사, 그 순사를 거느리고 동네를 산보하는 게 이젠 그의 중요한 일과가 되었다. 참고로 그는 일본어를 할 줄 몰랐다. 그러니 그의 산보엔 늘 조선어에 능한 일본인 순사가 배종陪從하였다. 어차피 조선인들이 모여서 뭐라고 쑥덕이는지 들으려면 조선말을 알아야 하므로, 어지간한 순사는 조선어를 공부해 알아 두어야만 했다.

한 가지 마음에 안 드는 것은 저 인왕산 자락, 옛 송석원松石園 터에 들어서는 양관洋館이다. '대갈 대감 윤덕영이 법국法國(프랑스) 어느 부잣집 별장 설계도대로 짓고 있다지. 안 그래도 지대가 높은 곳에 저렇게 높고 큰 집을 올리다니! 우리 집도, 왕궁도 발아래 두려는 심산인가? 이런 건방진……!' 갑자기 머리가 아파 오는 그, 때 아닌 기침까지 치밀어 오른다. 평생 두통과 현기증을 지병으로 앓고 있던 그였다. 거기에 융희隆熙 3년 기유년(1909) 겨울, 종현鍾峴 성당(명동성당) 앞에서 칼을 맞고부터는 천식을 달고 살게 되었다.

"가, 각하! 괜찮으시무니까?"

"쿨룩쿨룩……. 괜찮네! 이, 이제 들어가 보아야 하겠구먼. 날이 차구나, 크흠."

비틀비틀, 그의 발걸음을 돌려 왔던 길을 되짚는다.

그 모습을 바라보는 사람들이 있다.

주먹을 쥔 그들의 손엔 핏줄이 툭 튀어나와 있다.

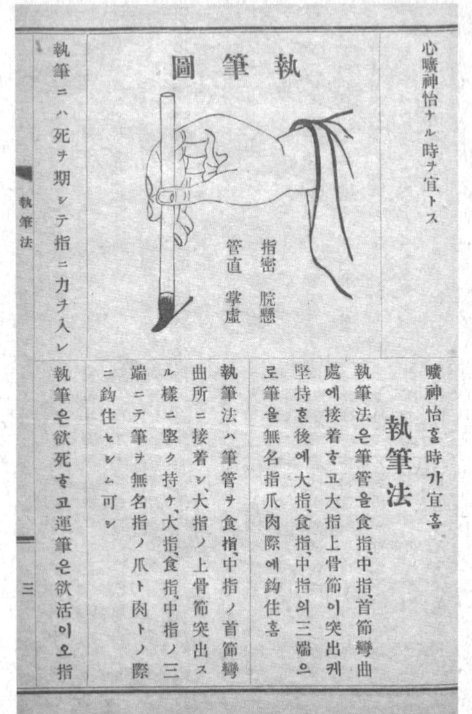

〈그림 3〉
《(독학)서법진결》(국립중앙도서관 소장)의
집필법執筆法 부분.
붓 잡는 법을 그림으로 그리고, 국한문과
일본어로 설명을 붙였다. 서문에 따르면
해강 김규진金圭鎭(1868~1933)의 아우
김태진金台鎭(1885~1919)이 국한문
설명을 일본어로 번역했다고 한다.

〈그림 4〉
김규진 등, 〈청란晴蘭〉《해강난죽보海岡蘭竹譜》(국립중앙도서관 소장) 수록.
1915년 겨울, 김규진이 괴석에 핀 난초를 치고 이완용이 오른쪽 아래에 화제를 쓴 작품이다.
난초 위에는 당시 조선주차군 헌병대사령관 겸 경무총장이었던
다치바나 고이치로立花小一郎(1861~1929)가 화제를 썼다.

#4. 오후 5시 – 경성, 옥인동 19번지

"그래, 해강海岡! 고금서화관古今書畫觀 사업은 잘 되는가?"

난을 치는 인물에게 그가 말을 건넨다. 두루마기를 입고 붓을 힘차게 휘두르는 이, 코밑수염이 꽤나 풍성하고 눈매가 깊은 '해강'이 빙긋 웃으며 답한다.

"살펴주신 덕에 그런대로 되어 갑니다. 집에 서화를 걸고자 하는 이가 조선에 이렇게 많을 줄 저도 몰랐습니다. 아, 대감. 이번에 제가 책을 냈사온데……."

예리하게 쭉 뻗은 난잎, 그 위에 단아한 꽃잎을 쳐 한 떨기 춘란春蘭을 이룩한 '해강'이 옆에 두었던 책 한 권을 집어 그에게 정중히 건넨다. 제목을 보니 '(독학)서법진결(獨學)書法眞訣'이라.

"호오, 조선어뿐만 아니라 국어國語(일본어)로 번역해 실은 게 아주 마음에 드네. 내지인內地人도 이 책을 보고 혼자서 글씨 공부를 할 수 있다는 것 아닌가?"

"예, 그렇지요. 제 아우가 번역에 수고해 주었습니다."

"그렇구먼. 아, 다 그렸는가?"

"예, 대감."

향기가 뿜어져 나올 듯 생동감 넘치는 난초 아래 빈 공간이 눈에 들어온다. 그는 세필細筆을 잡아 경건하게 먹물을 묻히고는, 난초에

다가가 한 글자 한 글자 시구詩句를 채워 나가기 시작한다. 합작合作 하나가 탄생하고 있다.

#5. 오후 9시 – 경성, 옥인동 19번지

탁탁…… 탁타탁…… 탁탁!

"허어, 이거 왜 맞지 않는고……."

책상 위에 놓인 건 주판과 두꺼운 장부 두어 책, 종이 몇 장, 거기에 서양 철필鐵筆이다. 책상 뒤에는 돋보기를 낀 그가 앉아 있다. 석유 호롱을 켠 채 장부를 들여다보면서 무언가를 찾아보고는 종이에 아라비아 숫자를 쓴다. 그냥 쓰는 게 아니라 계산식을 세우고 있다. 그는 일찍이 육영공원에서 영어와 함께 서양 수학을 배운 적이 있고, 미리견에 가 있을 때 서양 필산법筆算法을 연구하기도 했다. 그러니 사칙연산은 물론이고, 계산한 결과값을 대차대조표와 맞춰 보는 작업도 그리 어렵지 않았다.

그러면 그가 이토록 세세하게 살피는 것은 무엇이냐. 바로 그가 가진 토지의 소작료 납입 상황이 적힌 장부이다. 그는 조선 제일의 현금왕이라 할 만큼 돈이 많았지만, 농지와 임야도 경기도 고양, 충청도 강경, 전라도 군산과 목포, 경상도 김천, 강원도 회양, 황해도 곡산, 평안도 정주, 함경도 무산 등 전국 각지에 어마어마하게 가지고 있었다.

그 농지는 모두 소작인이 경작했다. 그러므로 그가 벌어들이는 수입의 대부분이 바로 소작료였다. 멀리 있는 땅은 그가 직접 가볼 수 없기에, 중간 관리자인 마름을 두었다. 그들이 정기적으로 옥인동 19번지를 찾아와 그에게 자기가 맡은 지역 소작인의 동향이나 그해 작황을 보고한다.

"옥구沃溝 쪽 작황이 좋지 않은 건가……. 하! 땅을 떼어야 이놈들이 정신을 차릴는지." 그는 평소 "오늘의 재산은 재산가의 것이라기보다 다른 사람의 것을 잠시 보관하고 있다고 보아야 하느니라"라고 말하곤 했다. 재산을 모아 놓으면 반드시 하늘이 이를 다른 데로 옮겨 놓는다면서 자못 초연한 면모를 보이기도 했다. 하지만 그건 그냥 하는 말이었지 싶다. 만약 진정 그런 마음가짐을 가졌다면, 당대에 약 300만 원(2025년 11월 현재 금값 기준으로 약 4,402억 원)에 달하는 재산을 일굴 수 있었을까.

"안 그래도 돈 들어갈 데가 많거늘……. 그 화사畵師들도 그래, 돈 달라는 이야기를 왜 그리 장황하게 하는지, 에잉!"

그렇게 중얼거리면서 그는 엄지손가락을 입에 가져다 댄다. 잘근잘근, 엄지손톱을 이로 물어뜯는다. 손톱 물어뜯기, 적잖은 사람들이 가진 버릇이다. 그는 무언가 깊은 생각을 하거나 스트레스를 받으면 손톱을 물어뜯곤 했다. 때로는 피가 날 정도로. 단정히 앉아 있을 때건, 산보를 할 때건 시시때때로 손을 입에 가져가는 통에 남들이 모두 이상하게 여겼는데, 쉰 이후로는 그 버릇이 조금씩 줄어들었다고 한다. 하지만 줄어들었을 뿐, 없어지진 않았다.

#6. 오후 11시 – 경성, 옥인동 19번지

"인명은 재천이라……."

한 마디 중얼거린 후 그는 조용히 잠자리에 누웠다.

불 꺼진 방 안, 사방이 적막에 싸였다. 색색거리는 주인의 숨소리만 간간이 들린다. 방 안에는 켜켜이 덧쌓인 진한 먹 내음이 은근하다. 벽에는 그럴듯한 서화가 여럿 걸려 있다. 주인의 건강과 부귀를 기원하는 듯 학이 지긋이 눈동자를 돌리고, 신선의 옷자락이 바람에 나풀거린다. 책상 위에는 장부와 종이가 말끔히 정리되어 있고, 책 하나가 펼쳐진 채로 놓여 있다. 슬쩍 보니 공자님 말씀이다.

진陳에 있을 때에 양식이 떨어져, 따라다니던 제자들이 병들어 일어나지 못하였다. 자로子路가 불만스런 얼굴로 공자를 뵙고 말하기를, "군자도 궁할 때가 있습니까?"라 하였다. 공자께서 말씀하시기를, "군자도 진실로 궁한 때가 있노라. 하지만 소인은 궁하면 무슨 짓이든 다 하느니라"라 하였다.

—《논어論語》, 〈위령공衛靈公〉 중에서

겨울날, 손님이 없는 날이면 그는 저녁을 먹은 후 《논어》를 읽곤 하였다. 《논어》! 궁하다고 나라를 팔아 부귀를 누리던 그가 읽기엔 너무나 청고淸高한 글이 아닐는지.

차
례

1. 이완용은 과연 명필이라서 '명필'인가 _026

2. 독립문獨立門 편액, 과연 누구 솜씨인가 _078

1.
이완용은 과연
명필이라서
'명필'인가

역적이자 명필, 일당 이완용

일당一堂 이완용李完用(1858~1926).

대한제국의 마지막 총리대신, 일본제국의 조선귀족 후작侯爵 각하, 친청親淸에서 친미親美, 친로親露, 마지막 친일親日까지 끊임없이 정치 행보를 바꾸어 온 이. 살아생전 온갖 권세는 다 누렸으나 천하의 매국노로 지금껏 지탄받는 사람.

그는 살아서는 물론 죽고 나서도 사람들의 분노를 고스란히 받아야 했다. 전라북도 익산군 낭산면 깊은 산중에 자리했던 무덤까지 파헤쳐졌고 그 터는 채석장으로 변해 버렸다. 그의 증손자가 1970년대에 행했던 이완용 부부 묘의 파묘는 천만 관객을 동원한 영화 〈파묘〉의 모티브가 되었다. 100여 년이라는 긴 시간이 지난 지금까지도, 이완용이라는 세 글자는 이처럼 사람들의 피를 끓어오르게 한다.

경기도 광주(지금의 성남)에 살던 가난한 선비 이호석李鎬奭(1822~1876)의 둘째 아들로 태어난 이완용. 만약 당대의 세도가이자 흥선대원군興宣大院君(1820~1898)의 사돈이었던 이호준李鎬俊(1821~1901)의 양자로 들어가지 않았다면 그저 그런 잔반殘班의 삶을 살았을지도 모른다. 하지만 서울에 올라온 그는 전혀 다른 인생을 개척한다. 과거에 급제하고, 육영공원에서 영어를 익힌 뒤 참찬관參贊官과 대리공사로 미국에 다녀왔으며, 독립협회 창립과 춘생문春生門 사건, 아관파천 같은 굵직한 사건의 주역이 되어 끝내 일인지하 만인지상의 자리에 올랐으니 입지전적인 인물임에는 분명하다. 그러나 그 모든 것은 '매국'으로 귀결된다. 사사로운 욕심을 부린 끝에 자기 나라를 다른 나라에 넘긴 자에게 "외세 의존적인 사대주의자이자 기회주의자"(박영석, 〈이완용 연구〉)라는 말 말고 또 무슨 단어를 덧붙이리오.

그런 그에게 그나마 나은 수식어가 있다면 '명필名筆'이다. 이완용이 붓글씨를 잘 썼다는 말은 요즘도 적잖이 들린다. 대한제국 시기 그는 궁궐 현판과 상량문(건물 대들보를 올리며 붙이는 글)을 여러 번 쓴

〈그림 1〉 이완용.

경험이 있었고, 일제강점기에도 여러 곳에 글씨를 남겼다. 어지간히 글씨에 자신 없으면 쓰지 못한다는 《천자문千字文》까지 써서 발간했다. 이완용이 독립문의 제액題額을 썼다는 설이 지금껏 제기되는 것도, 그가 독립협회 창립발기인이자 회장이었던 사실과 더불어 그가 '명필'이었다는 이야기와 연결된다. 한편으로 그는 한국 최초의 근대적 미술인 단체라고 할 수 있는 경성서화미술원京城書畫美術院, 서화미술회書畫美術會, 서화협회書畫協會의 창설에 깊이 간여했고, 회장과 고문을 맡기도 했다. 근대 한국화단의 스타로 섬세한 인물화에 특히 능했던 이당以堂 김은호金殷鎬(1892~1979)는 회상록 《서화백년書畫百年》에서 서화미술회 회장 이완용을 이렇게 회고했다.

서화미술회는 1911년 3월 22일에 문을 열었다. 1910년 한일합방으로 인심이 흉흉하던 터라 일제는 소위 문화정책을 내세워 이왕직李王職과 손잡고 서화미술회를 만들었던 것이다. 조선총독부는 합방에 공이 컸던 일당 이완용을 교장 격인 회장 자리에 앉혀 놓았다. 일당은 매국노 소리를 듣던 때라 어디 가나 반기는 사람이 별로 없었다. 그는 글씨도 잘 쓸 뿐 아니라 그림에도 취미가 있어 서화미술회에 나온 것이다. 한마디로 취미도 살리고 말벗도 찾자는 의도였다. 총독부는 총독부대로 그를 내세워 서화에 취미가 있는 선비, 소위 문화계 인사를 포섭하자는 내심도 있었다고 생각된다. 일당은 일주일에 한

두 번씩 서화미술회에 나와 앉아 있다 가곤 했다. 단아한 체구였지만 다부지게 생겼었다. 어떻게 보면 눈이 부리부리한 게 독하게도 보였다. …… 일당은 당시 귀족들 중에서는 가장 붓글씨를 잘 썼다. 그러나 일본박람회 미술전에 출품했지만 입선도 못했다. 성당惺堂 김돈희金敦熙(1871~1936), 해강 김규진, 석정石丁 안종원安鍾元(1874~1951)과 함께 냈는데 성당과 해강만 입선했던 것이다.

―김은호, 《서화백년》, 〈회장엔 이완용〉 중에서

글씨로 이름 높았던 만큼 이완용의 실제 작품도 같은 시기 어느 서가書家 못지않게 많이 남아 있다. 여러 박물관에 소장되어 있는 것은 물론이고, 개인 소장도 적지 않게 확인된다. 해방 이후 '역적'의 글씨라 사람들이 많이 없앴을 것을 고려하면 놀라울 정도인데, 최근에는 일본에서 역수입되는 경우가 많아 더 흔해졌다 한다. 경매 같은 데서도 그의 작품이 꾸준히 거래되고 있는데 대부분은 내리닫이 족자고, 가로로 쓴 큰 글씨나 간찰(편지)도 가끔 보인다.

우리나라 사람들은 특히 붓글씨를 볼 때 '잘 썼냐' 같은 예술성보다 '누가 썼느냐'라는 역사성을 중요하게 여긴다. 그런 만큼 이완용 글씨를 순수하게 감상하거나 비싸게 팔리기를 기대하고 사들이는 사람은 드물 터이다. 대개는 이완용의 글씨를 통해 '매국노 이완용과 그의 시대'를 되짚어보는 연구 자료로서의 목적이 커 보인다. 그래서인

　　　　　　　　　　1. 이완용은 과연 명필이라서 '명필'인가

지 정작 이완용의 '글씨'가 한국 서예사에서 어떤 위치에 있는지는 알기 쉽지 않다. 아니, 그의 글씨를 진지하게 분석하고 '명필'이라거나 '명필이 아니다'라고 평가하는 이마저도 드문 것 같다. 대개는 덮어놓고 그의 글씨를 폄하하거나, 간단한 인상을 논하는 수준에 머무르는 듯하다. 어디에서 누구에게 글씨를 배웠는지 같은 기초적인 사실도 제대로 알려진 게 없다.

100여 년 전으로 돌아가 보자. 그는 붓글씨 잘 쓰기로 유명했다. 글씨를 넘어 한국 최초 미술단체의 탄생을 도왔으며, 조선총독부가 만든 미술전람회에서 서書 부문 심사위원을 맡기도 했다. 이쯤 되면 그가 한국 서예사, 나아가 미술사의 엄연한 등장 인물임은 부정하기 어렵다. 그런데 왜 한국 미술사에서 언급마저 잘 안 되는 건가. 자료가 없는 것도 아닌데 말이다.

〈그림 2〉
이완용, 〈행서 사시청일색四時靑一色〉.
국립전주박물관 소장.

이완용이 글씨 쓰던 시절 이야기를 본격적으로 하려면 다음 세 가지를 먼저 짚지 않을 수 없다. 첫째는 그가 친일파이자 매국노라는 사실이고, 둘째는 그가 명필이라고 하는 선입견이고, 셋째는 지금과 달랐던 그때 그 시절 '붓글씨'의 위상이다.

친일파이자 매국노,
지울 수 없고 지워서도 안 될 낙인이지만

국립국어원의 《표준국어대사전》을 찾아보면 '친일파'란 "1. 일본과 친하게 지내는 무리, 2. 일제강점기에 일제와 야합하여 그들의 침략·약탈 정책을 지지·옹호하여 추종한 무리"이며, '매국노賣國奴'란 "사사로운 이익을 위하여 나라의 주권이나 이권을 남의 나라에 팔아먹는 행위를 하는 사람"이다. 이 정의에 따르면 이완용은 부정할 수 없는 친일파이자 매국노가 맞다.

이완용이 러일전쟁 이후 일본, 정확히는 일제의 한국 침략에 크게 협력하여 을사늑약(1905), 정미7조약(1907), 한일강제병합조약(1910) 체결에 공헌, 끝내 대한제국의 국권을 일제에 헌납했고 그 대가로 엄청난 은사금과 높은 작위를 받았음은 누구도 부정할 수 없다. 이런 그의 악명은 바다 건너 중국에도 알려져, 틈날 때마다 외세에 나라의 이

〈그림 3〉 〈매국자賣國者의 결과〉.
청나라에서 발간되던 《신주화보神州畫報》 1909년 11월 13일 자(음력)에 실린 그림으로, 명동성당 앞에서 벌어진 이재명李在明(1890~1910)의 이완용 척살 기도를 다루고 있다. 실제 사건 현장을 묘사한 게 아니라 화가가 소식을 듣고 자기 나름대로 상상하여 그린 그림이다(출처: 황영원, 〈국경을 넘나들던 친일파―이완용과 근대 중국의 '매국노' 담론(1905~1945)〉, 66쪽).

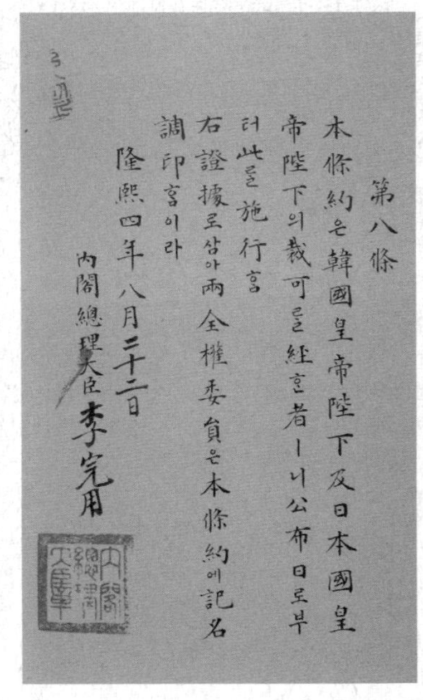

第八條
本條約은 韓國皇帝陛下及日本國皇帝陛下의 裁可를 經亨者ㅣ니 公布日로부터此를 施行홈
右證據로삼아兩全權委員은本條約에記名調印홈이라
隆熙四年八月二十二日
內閣總理大臣 李完用

〈그림 4〉
〈한일병합조약〉(부분).
서울대학교 규장각한국학연구원 소장.
이완용은 대한제국의 국권을
"완전하고도 영구히" 일본에 넘기는
이 조약에 대한제국 내각총리대신
자격으로 서명 날인했다.

익을 넘기며 사사로운 이익을 취해 매국적賣國賊으로 호명되었다. 그
래서 이완용은 만년에 이르도록 끊임없이 암살 위협과 욕설에 시달렸
고, 죽고 나서도 거기서 자유로울 수 없었다.

> 그도 갔다. 필경 붙들려 갔다. 보호순사保護巡査의 겹겹 파수와 금성
> 철벽金城鐵壁의 견고한 엄호도 저승차사가 달려드는 것은 어찌지
> 못했으며 …… 누가 팔지 못할 것을 팔아서 능히 누리지 못할 것을
> 누린 자냐. …… 살아서 누린 것이 얼마나 대단했는지 이제부터는
> 받을 일 …… 어허! 부둥켰던 그 재물은 그만하면 내놓지! 이 책벌責
> 罰을 이제부터 영원히 받아야지!
> ―《동아일보》1926년 2월 13일 자 기사 〈무슨 낯으로 이 길을 떠나가
>   나〉 중에서

이런 점 때문에 이완용이라는 이름은 어느 분야에서건 좀처럼 거론
되는 일이 드물다. 있다면 '망국' 같은 부정적인 부분에서나 있을 뿐이
다. 하지만 그가 빠지거나 흐릿해져서 오히려 제대로 파악하기 어려워
지는 역사 속 사실은 없을까.

예컨대 이완용의 정치적 입장이 친청-친미-친러를 거쳐 끝내 친
일로 귀결되는 점은, 그가 당시의 첨단 문물을 직접 보고 경험했다는
사실과 연결될 수밖에 없다. 하지만 그가 누린 문물이 무엇이고 그것

　　　　　　　　　1. 이완용은 과연 명필이라서 '명필'인가

이 당대 사회에서 어떤 수준이었는지에 관한 궁금증이 그가 친일파였기 때문에 금기시된다면, 결국 한국 근대 지식인들이 누린 것의 실체를 파악할 길은 좁아지고 만다.

이완용이 일제에 붙어 나라를 팔았던 사실을 부정하지는 못한다. 하지만 그런 이완용의 삶을 들여다봐야만 해결되는 역사 속 의문점 또한 적지 않다. 예컨대 그의 일기에 나오는 서화미술원 언급만으로도 이제까지 알려진 것과는 약간 다른 사실을 논할 수 있다. 그런 작업을 이완용이 "죽일 놈"—이미 죽었지만—이라고 해서 미뤄 두어야 할까?

이완용과 약간 결이 다르기는 하지만 역시나 친일파였던 윤치호尹致昊(1865~1945)가 남긴 《윤치호 일기》는, 우여곡절이 있었지만 지금 한국 근대사 연구의 필수 텍스트 중 하나로 꼽힌다. 윤치호는 한국 근대사의 현장 곳곳에 얼굴을 비추던 저명인사였기에, 《윤치호 일기》 안에는 1890~1940년대 한국 사회, 정계와 재계, 언론계, 문화계의 이면이 고스란히 담겨 있다. 그 얘기인즉슨 《윤치호 일기》의 사료가치가 매우 높다는 뜻이다. 물론 연구자가 사금 채취하듯 사실史實을 걸러서 골라내야 하지만, 그건 다른 사료도 마찬가지 아닐까. 여담으로 윤치호는 이완용을 아주 싫어했다. 그는 《윤치호 일기》 곳곳에 이완용을 일러 "잔꾀를 부려 속임수를 쓰는 인간", "냉정하고 계산적인 인물", "전형적인 소인배", "도둑"이라고 적어 놓을 정도였다.

이완용 명필론의 허와 실

이완용 사망 1주기를 맞아 그의 외조카 김
명수金明秀(1875~1946)는 이완용 전기《일
당기사》를 편찬한다. 거기에 실린 연보를
보면 1873년(고종 10), 이완용이 16세 되던
무렵 집안에서 필가筆家 이용희李容熙를 초
빙해 글씨를 배우기 시작했다 한다. 이용희
는 누구인가? 같은 시대에 같은 이름글자
를 쓰는 이용희李容熙(1811~1878)라는 인물
이 확인되는데, 그는 1873년 지삼군부사知
三軍府事를 역임할 정도로 지위가 높은 무신
이었고 또 딱히 글씨를 잘 썼다는 기록도
없다.《일당기사》에서 이용희를 일관되게
'필가'로 일컫고 더군다나 이완용이 자신
의 양부養父가 감사로 근무하던 전주에 이
용희를 '동반'해서 오가는 걸 보면, 동일인

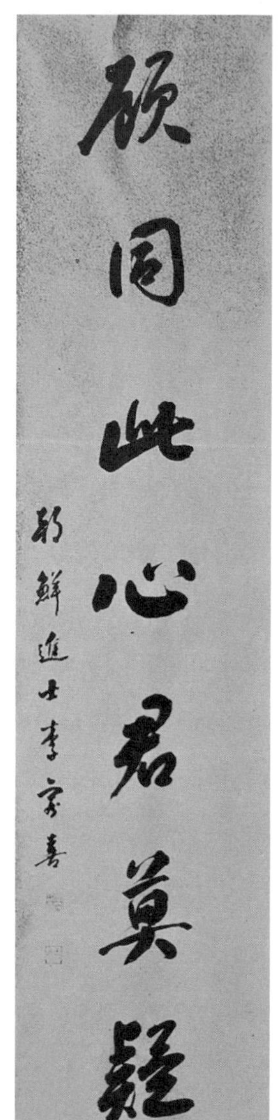

〈그림 5〉
이용희, 〈행서 대련〉(부분).
간송미술문화재단 소장(출처:《간송문화 33》, 6쪽).

은 아니라고 여겨진다.

미술사학자이자 서화가로 이름 높았던 오세창吳世昌(1864~1953)이 1928년 발간한 서화가 사전《근역서화징槿域書畫徵》을 보면, 이완용과 거의 같은 시기를 살았던 우정雨亭 이용희李容熙(1838~?)라는 사람이 등장한다. 그는 1875년(고종 12) 청나라에 가는 주청사의 압물통사押物通事를 역임했던 역관이었으며, 글씨를 잘 썼는데《근역서화징》에 따르면 특히 해서와 행서에 능했다고 한다. 이 이용희는〈세한도〉를 김정희金正喜(1786~1856)에게 받은 것으로 유명한 역관 이상적李尚迪(1804~1865)의 사위로, 이상적은 이완용과 같은 우봉 이씨였다. 이런 정황으로 미루어 보건대, 이완용이 사사한 이용희는 바로 이 사람이 아닐까 싶다. 그렇다면 이완용도 김정희로부터 시작하는 조선 말기 서예사의 계보 안에 위치하는 셈이다. 이완용은 이 이용희에게서 글씨의 기초를 배우고 틈나는 대로 독학한 듯하다.

앞서 보았듯이 이완용은 살아 있을 때 글씨 잘 쓰기로 이름을 날렸고 또 많이 썼다.《일당기사》에 따르면 그는 스스로도 글씨에 자부심이 있어 자신의 필적을 구하려는 사람들에게 일일이 응대했고, 글씨를 받기 위해 사방에서 보낸 비단과 종이가 산더미처럼 쌓일 정도였다고 한다. 심지어 일본 다이쇼 덴노大正天皇(재위 1912~1925)가 그의 붓글씨 솜씨를 보고 싶어 조선총독 데라우치 마사타케寺內正毅(1852~1919)를 통해 이완용에게 글씨를 보내라고 요구할 정도였다. 물론 이완용은 이에 기쁘게 응했다.

하지만 현재 남아 있는 이완용의 글씨는 썩 높은 평가를 받지 못한다. 꼭 이완용이 친일파라서가 아니다. 대표적인 사례가 국립문화재연구소 미술문화재연구실에서 2004년 편찬한《한국 역대 서화가 사전(하)》의 '이완용' 항목(집필자: 이승연) 말미 부분이다.

대부분의 작품에서 초년작보다 말년 작품이 기교가 더 많고, 장법掌法의 균형이 맞지 않아 대소장단大小長短의 적절한 안배가 이루어지지 못하여 조화미가 부족하다는 평을 받고 있다. 말년으로 갈수록 가벼운 운필運筆로 인하여 필획에 힘이 없고 속기가 많이 흐르며

〈그림 6〉
이완용, 〈행서 칠언시〉(《일당기사》 수록 사진).
1913년 다이쇼 덴노의 명으로 떠오르는 해를 그린
그림 위에 이완용이 쓴 시인데,
북송 태조 조광윤趙匡胤(재위 960~976)의
영일시迎日詩를 인용했다.
"바다 밑 벗어나지 못해 온 산이 어둡더니
未離海底千山暗 / 하늘 가운데 이르매 만국이
밝아지는구나及到天中萬國明."

골기骨氣가 약하다는 평을 받고 있으며, 이러한 필체의 특징이 행초서行草書로 쓴 간찰에서 두드러지게 나타난다.

어렵게 적었지만 좋은 의미가 아니라는 점은 충분히 알 수 있다. 균형도 안 맞고, 힘도 없고 굳세지도 않으며 속되다는 말 아닌가. 변호사이자 필적학자인 구본진은 이보다 더 신랄한 평을 내렸다.

이완용이 명필이라는 평가는 객관적인 분석이 아니다. …… 우선 이완용의 글씨는 꾸밈이 많다. 가식으로 내면을 포장하고 가벼움이 무거움을 억누르며, 경박함이 미적 표현을 압도했다. 글씨는 가벼운 듯 무거워야 한다. 그러나 이완용에게선 가벼움이 우세하고 글씨는 누워 있으며 비뚤다. 그래서 촘촘하게 들여다보면 단정치 못하다. 글씨의 대소, 즉 크고 작음은 적절히 안배되지 못해 조화미가 허술하다. …… 이완용의 글씨는 육肉과 혈血은 있지만 신神과 기氣가 없고 골骨은 약하다.
─구본진, 《필적은 말한다》, 〈글씨로 본 항일과 친일〉 중에서

이 정도면 이완용을 '명필'이라 한 사람들의 안목을 의심해야 할 수준이다. 아닌 게 아니라 《근역서화징》의 증록增錄에서는 이완용을 "서해행書楷行"이라고만 소개하고 있다. "해서와 행서를 썼다"라는 뜻

인데, 보통 오세창이 "잘 썼다"나 "능했다"라고 할 때는 '선善'이나 '공工' 자를 붙인다. 예컨대 오세창은 《근역서화징》에서 이완용과 같이 글공부를 했던 현채玄采(1856~1925)를 "서공안노공체書工顏魯公體"라고 하여, 글씨는 안노공 곧 안진경顏眞卿(709~785)의 서체를 썼는데 빼어났다고 평한다. 그런 표현 없이 "서해행"이라고만 한 걸 보면 그냥 '좀 썼다'는 평인 셈이다. 김은호 또한 이완용이 일본박람회 미술전에 입선도 못했다고 말하여 그의 글씨를 깎아내린다.

이들의 말이 옳다고 치자. 그럼 왜 이완용이 살았던 시기엔 그가 '명필'이라는 명성을 얻었으며 그의 글씨는 왜 그렇게 유명했던가? 이는 이완용이 나름 붓글씨 실력을 갖추었던 데다가, 당시 그의 정치적·사회적 위상이 높았기 때문이 아닐까 한다. 이완용은 어쨌거나 총리대신 자리까지 올라갔고 나라를 팔아넘긴 뒤에도 높은 지위를 누렸다. 그런 만큼 이완용의 글씨를 가지거나 그의 글씨로 된 현판을 걸 수 있었다는 건 당시 상당한 위세를 보증하는 징표이기도 했을 터이다. 그러면서 자연스레 이완용 글씨가 좋더라는 평이 생긴 게 아닐까. 물론 이는 일본인과 친일적 지식인의 세평이었겠지만, 그러한 인기가 도리어 이완용이 명필이라는 신화를 만든 게 아닌가 싶다. 이완용이 글씨를 잘 쓴다는 평가가 일제강점기 이전 사료에서는 잘 확인되지 않는 점도 이를 방증한다.

작위가 높은 인물의 작품이 후한 평을 받는 예는 시대를 막론하고

   1. 이완용은 과연 명필이라서 '명필'인가

존재한다. 고려시대 문인 이규보李奎報(1168~1241)가 신라와 고려의 명필 넷을 꼽으며 '신품사현神品四賢'이라 이름 붙인 사례를 보자. 이규보는 '신품'이라 할 만한 명필로 김생金生(711~?), 유신柳伸(?~1104), 대감국사 탄연坦然(1070~1159)과 함께 최우崔瑀(?~1249)를 거론했다. 최씨 무신정권의 2대 통치자인 그 최우 말이다.

진양공晉陽公 최우의 글씨는 해서와 행서, 초서를 겸하지 않은 것이 없다. 초서는 마치 빠른 매가 공중에 날며 가벼운 바람이 안개를 마는 듯하고, 해서와 행서는 마치 군마가 머리를 나란히 하고 느리게 가거나 달리는 것이 규제에 맞는 것과 같다. 그러나 그 가운데에 구름을 뚫을 듯 분일奔逸한 기운이 있어서 그 기운을 조금만 풀어 놓으면 또한 스스로도 능히 그것을 막지 못한다.

……

그분이 만일 "내가 지금 국정을 맡았으므로 사람들이 혹 아첨하는 것이다"라고 한다면, 그 가운데는 또한 정직한 선비도 있을 터인데, 어찌 모두 한때의 아첨을 취하여 만세의 비방으로 전할 수 있겠는가. 결코 그렇지는 않을 것이다. 지금 비록 그렇지 않을지라도 후세에 품평하는 자가 또한 오늘날의 의논과 같다면, 공이 비록 피하려 해도 피할 수 있겠는가.

—《동국이상국집東國李相國集》후집後集 권11, 서序, 〈우리나라 제현諸賢

재미있는 건 이규보가 이 글을 '최우의 명을 받아' 썼다는 사실이다. 아무리 이규보가 간이 크다 한들 명을 받아 쓴 글에서 명을 내린 당사자인 최우를 극찬하지 않을 도리가 있었을까.

사실 조선 시대에는 현판 글씨나 비문을 여럿 썼다는 것이 그 사람이 꼭 글씨를 잘 썼다는 뜻은 아니었다. 오히려 글씨 잘 쓰는 사람의 경우 자칫 자기 글씨를 뽐내려 한다고 오해를 살 여지가 있었다. 특히 현판 글씨는 쓰는 사람 또는 현판이 걸리는 곳의 정치적 위상, 그리고 집주인의 의도에 따라 서자書者가 달라지곤 했다. 그러므로 잘 쓰면 좋지만, 글씨 자체는 큰 문제가 아니었다. 국립고궁박물관, 국립중앙박물관에 분산 소장된 궁중 현판 중에도 눈에 확 띄는 명필은 외려 드물다. 대개는 쓴 사람을 밝히지 않은 채 단정하게 쓴 해서가 많다. 설령

〈그림 7〉 이은李垠(1897~1970), 〈수진지만守真志滿〉 편액扁額.
고종(재위 1864~1907)의 아들 영친왕英親王 이은이 6세 되던
1902년 쓴 글씨를 나무에 새겨 만든 현판이다. 국립고궁박물관 소장.

글씨가 졸렬하더라도 쓴 사람이 왕이나 세자 같은 특별한 인물이면 현판으로 만들기도 한다. 근래까지도 어지간한 명소 고적에 대통령이나 국무총리 같은 고관의 글씨로 새긴 현판이 걸리는 경우가 많은데, 그게 꼭 그 인물이 명필이라서는 아니지 않은가.

이완용과 같은 시대에 역시 '명필'로 칭송을 들었던 윤용구尹用求(1853~1939)라는 인물이 있다. 석촌石邨, 해관海觀이라는 호를 썼던 그는 순조(재위 1800~1834)의 딸 덕온공주德溫公主(1822~1844)의 양자로 이조판서까지 오른 고위관료였다. 하지만 을미사변 후 윤용구는 모든 벼슬을 물리치고 지금의 서울 성북구 장위동

〈그림 8〉
윤용구, 〈행서 대련〉(부분).
1988년 예술의 전당에서 개최한
'한국서예백년전'에 나온 작품이다.
개인 소장(출처: 《한국 서예 일백년》, 37쪽).

일대에서 은거하였다. 일제는 대한제국을 병합한 이후 윤용구에게 남작 작위를 내렸지만 그는 끝내 거부했다.

윤용구도 시서화로 이름을 날렸다. 글씨로는 약간 흘림기 있는 행서체에, 그림으로는 난초, 대나무와 괴석에 능했다. 《한국 역대 서화가 사전(상)》(집필자: 김예진)에서는 그를 일러 "일제강점기 사라져 가던 여기餘技적인 문인화의 명맥을 이은 문인서화가"라 평했다. 한국학중앙연구원에서 펴낸 《한국민족문화대백과사전》의 윤용구 항목(집필자: 선주선)에서는 "한국서예백년전에 출품된 행서 작품을 보면 특징 있는 자기의 필치는 이루었으나, 강약의 변화를 구하는 데 있어서는 무리가 있어 부자연스럽고 행의行意의 수필처收筆處의 획들에도 군더더기가 생긴 곳이 많아 격이 높지는 못하다"고 말한다. 취미로 서화를 즐겼을 뿐이고, 글자 획을 무리하게 꺾는 등 자연스러운 글씨를 구사하지 못했다는 혹평이다.

그런데 일제강점기에 윤용구의 서화는 인기가 아주 많았다. 전국

〈그림 9〉
윤용구, 〈강선루〉 편액.

044

각지 절의 현판, 비문 중 그의 글씨로 새긴 것이 지금도 많이 남아 있으며, 종이나 천에 친 글씨와 그림 또한 적지 않게 전해진다. 전라남도 순천 선암사 〈강선루降仙樓〉 편액, 전라북도 익산 〈함벽정涵碧亭〉 편액 같은 대자大字 현판이 대표적이다. 위에서 말한 것처럼 윤용구의 서화가 썩 좋지 않았다면, 굳이 그에게 작품을 받아 집에 걸었던 이들은 모두 안목이 낮았다는 말인지.

그들은 왕실의 지친이자 인품이 높고 일제에 협력하기를 거부했던 윤용구의 작품을 집에 걺으로써 그들 나름의 은근한 뜻을 드러내고자 한 것은 아니었을까. 글씨 솜씨는 젖혀 두고서 말이다. 그것이 당대에 윤용구를 '명필'로 인정하고 사람들이 그의 작품을 앞다투어 받고자 했던 이유의 하나라고 본다. 이 점은 그와 세교世交가 있던 집안의 후손인 현대 서예가 일중一中 김충현金忠顯(1921~2006)도 시사하고 있다.

그는 만년의 절개를 지켰고 또 작위도 높아 금석문을 많이 썼다. 당시에 이분의 글씨를 얻어 새기는 것을 큰 영광으로 여겨 경향 각지에서 청탁하는 사람이 많았다.

—김충현, 《근역서보槿域書譜》, 〈윤용구〉 중에서

그때 그 시절의 '붓글씨'란

이런 사실은 마지막 세 번째와 연결된다. 그때 '붓글씨'는 과연 무엇이었던 걸까? 지금 우리는 '글씨를 쓴다'는 행위 자체마저 조금씩 낯설어하고 있다. 그러니 누가 명필이었다느니 하는 평이 그 시절에 어떤 의미였는지 잘 모른다.

하지만 시간을 거슬러 올라가면 서사書寫 문화, 특히 붓글씨는 동아시아의 여러 국가가 공유하는 의사소통 수단인 한문을 적는 방법인 동시에 국가별·시대별 특징과 교류 양상을 엿볼 수 있는 문화자산이었다. 이른바 사대부士大夫라고 하는 상위 계층에게는 시·서·화가 정신 수양과 교유를 위한 '교양필수'였고 감상의 대상이었다. '서여기인書如其人', 곧 "글씨가 그 사람이다"라는 말처럼 사람들은 붓글씨를 보며 그걸 쓴 이의 인품과 자질을 헤아리곤 했다. 그러니 '명필'이라는 칭호엔 단순히 글씨를 잘 쓴다는 그 이상의 의미가 있었다. 이러한 분위기는 근대가 되어서도 한동안 이어졌다. 동아시아의 근대를 이끌었던 사람들이 서구화를 지향했건 그러지 않았건, 오랫동안 글씨 작품은 물론이고 간찰마저도 대부분 타자기나 만년필이 아닌 붓으로 썼다는 점은 이를 증명한다. 붓글씨의 전통은 그만큼 강렬한 잔영을 남기고 있었다. 서양화나 조각을 전공한 이들도 취미로 곧잘 붓글씨를 쓰고 묵화를 쳤다.

    1. 이완용은 과연 명필이라서 '명필'인가

그런데 이런 '붓글씨'의 성격이 무엇
인가, 다시 말해 붓글씨가 '미술'에 포함
되는가라는 논쟁에 불이 붙은 것도 근대
의 일이다. 동아시아의 '미술' 개념은 생
각보다 복잡한 과정을 거쳐 '만들어졌
고', 관점에 따라 '붓글씨'는 미술의 범
주에 들어가기도 하고 빠지기도 했다.

'미술'이란 일본에서 1873년 개최되
는 빈Wien 만국박람회 출품규정을 일본
으로 옮기는 과정에서 독일어 쿤스트게
베르베Kunstgewerbe를 번역한 관제官製
용어로, 그때 '미술'의 뜻은 음악과 회
화, 조각, 시 등을 포함하는 꽤 넓은 의
미의 '예술'에 가까웠다. 그러나 관제
용어인 만큼 일반인들이 받아들인 의미

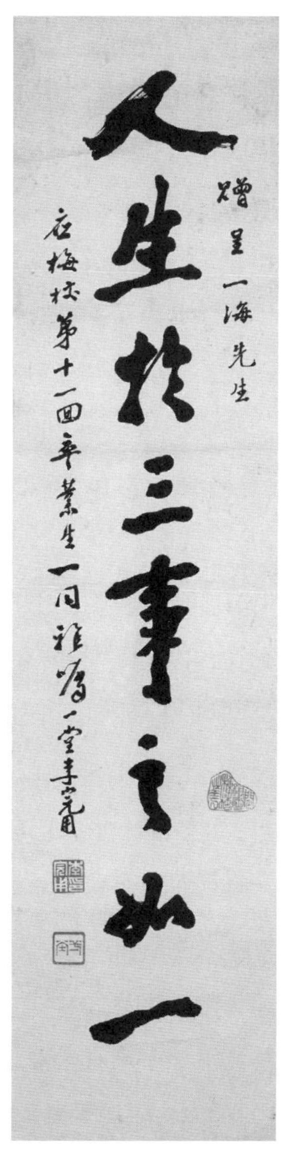

〈그림 10〉 이완용, 〈행서 명구〉.
경성 매동보통학교 11회(1921) 졸업생들이 학교
교사였던 일해一海 이세정李世楨(1895~1972)에게
드리고자 이완용에게 부탁해 받은 글씨이다.
국립중앙박물관 소장.

는 제각각이었고, 1900년대에 이르러서야 회화, 조각, 공예를 포괄하는 개념으로 굳어진다. 그 '미술'이 조선에는 19세기 말에 들어와 1910년 무렵부터 본격적으로 쓰이기 시작한다.

> 요즈음 새문안 등지에 머무르는 일본인 시미즈 도운淸水東雲(1869?~1929) 씨가 미술화가로 저명한 사람인데 그 미술을 전포傳布할 계획으로 학원學員 수십여 명을 모집하여 제반 도서와 사진 미술을 전수함에 학생이 증가하였다더라.
>
> —《황성신문》 1908년 8월 6일 자 기사

그런데 일본에서 서양의 개념을 적용해 회화繪畫라는 용어를 만들어 '그림'만을 미술의 영역에 넣는 바람에, 전통적으로 같이 언급되어 왔던 서書와 화畫의 개념을 분리해 놓았다는 문제가 있었다. 일본에서는 1907년 개설된 문부성 미술전람회(문전文展)에서 서, 곧 붓글씨를 포함하지 않았다. 붓글씨는 '미술'이 아니라는 의미였다.

유의할 점은 이것이 일본 사람들이 붓글씨를 중요하게 여기지 않았다는 뜻은 아니라는 사실이다. 앞서 보았듯 근대에 이르러서도 일본에서는 정신을 가다듬기 위한 수단으로 붓글씨가 여전히 중시되고 있었다. 학교에서는 교과목으로 '습자習字'를 채택해서 학생들에게 정식으로 붓글씨를 가르쳤다. 물론 일제강점기 조선 학교에서도 습자

1. 이완용은 과연 명필이라서 '명필'인가

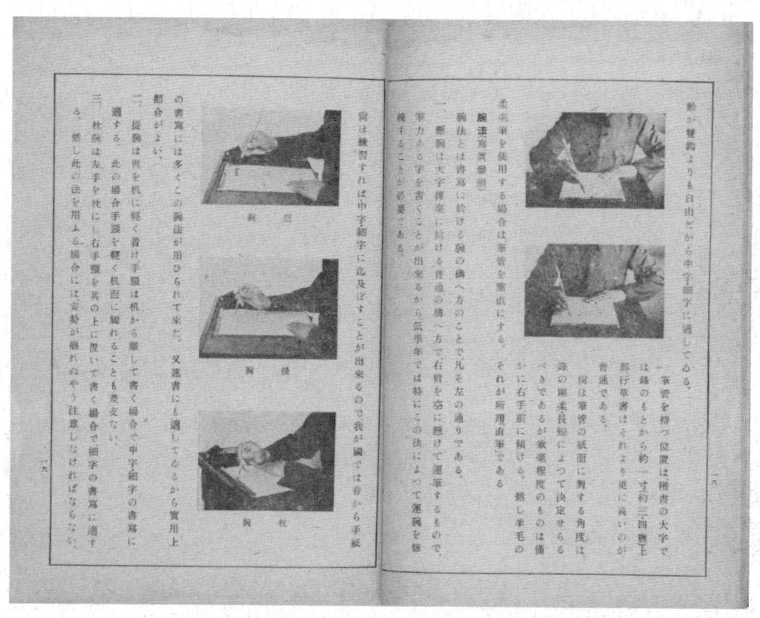

〈그림 11〉《초등 습자 제5학년 교사용》.
조선총독부가 1944년 발간한 교사용 습자 교과서다. 글씨를 쓸 때 붓을 쥐는 자세 등을
사진과 글로 설명하고 있다. 송파책박물관 소장.

〈그림 12〉《매일신보》 1926년 3월 16일 자 기사.
당시 화가들이 모여 만든 화우다화회畫友茶話會에서 서와 사군자를 조선미술전람회에서
빼라고 당국에 요구하였다는 사실을 전하고 있다.

시간이 있었다. 그런데 조선과 일본의 전통적 서 인식은 조금 달랐다. 일본은 '서도書道'라는 말에서 엿보이듯 도가와 불교의 영향으로 글씨를 쓰는 과정의 수련을 중요하게 보았지만, 조선은 글쓴이의 인품과 학식이 자연스레 글씨에 배어 나온다고 여겨 왔다.

일본과 달리 일제강점기 초 조선에서는 붓글씨를 그림과 함께 '미술'의 범주 안에 포함하여 이해하려는 경향이 강했다. 초기 미술단체인 경성서화미술원, 서화미술회, 서화협회 모두 '서화'를 내세우고 있으며, 1922년 시작된 공식 미술 공모전 조선미술전람회에서도 일본 문전과 구분되는 '서부書部'를 두었다. 당시 유력한 조선 미술가 대부분이 전공으로건 교양으로건 서화를 겸전했기 때문이다. 이는 그때까지도 서화일치書畫─致라는 전통적 예술 인식이 조선 지식인 사회 저변에 흐르고 있었고, 일제 식민통치자들도 그것을 무시할 수 없었음을 보여 준다. 1918년 이후 조선인 미술가 대부분이 속해 있던 서화협회 구성원 상당수가 조선미술전람회 동양화부, 서부를 넘나들며 심사위원으로나 작품 출품자로 참여하는 점도 이를 방증한다. 이렇듯 붓글씨를 '미술'의 범주에 넣어 이해하려는 분위기는, 전통적 관점을 유지하던 근대 한국 미술가 1세대가 대부분 죽거나 노쇠해진 1930년대까지 유지된다.

이완용이 죽고 난 뒤인 1932년 11회 조선미술전람회부터 서·사군자부書·四君子部는 사라진다. 사실 그전부터 상당히 많은 조선 미술가들이 조선미술전람회에서 붓글씨를 빼달라는 주장을 펼쳐 왔다. 붓글

   1. 이완용은 과연 명필이라서 '명필'인가

씨가 '미술'의 개념 안에 포함되지 않는 '소인素人 예술'이라는 것이다. '소인'은 비전공자라는 뜻이니 아마추어가 하는 예술이라는 말이다. 이는 뒤집으면 붓글씨가 당시 누구나 의지만 있으면 바로 시작하고 즐길 수 있는 예술이었음을 보여 준다. 이전엔 특정 계층만 누리던 붓글씨의 맛을, 이 시기에는 그렇지 않은 사람들도 서숙書塾에서 공부하거나 보통학교만 나와도 맛볼 수 있게 된 것이다.

당시 사람들이 붓글씨를 어떻게 생각했는지 보여 주는 기록을 하나 소개한다. 《일당기사》 연보에 따르면 1919년 11월 22일 이완용은 마산의 박성찬朴性瓚(10세)과 진주의 정진수鄭鎭秀(9세)에게 붓 다섯 자루와 자기 호 '일당'을 직접 쓴 글씨 하나씩을 보내 주었다. 이완용이 신문을 읽다가 이들의 글씨를 보고 "이는 하늘이 내린 재주로다"라고 찬탄해, 그들에게 장려하는 뜻을 보인 것이라고 한다. 신문에서 글씨를 보았다? 과연 그로부터 나흘 전인 11월 18일 자 《매일신보》에 그들을 다룬 기사가 보인다. 기사 제목은 〈양 유년 명필兩幼年名筆〉이다.

경남 마산부 석정石町 박종필朴鍾弼 씨가 자제에게 글씨를 가르치기

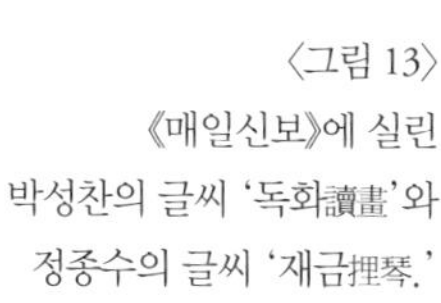

〈그림 13〉
《매일신보》에 실린
박성찬의 글씨 '독화讀畫'와
정종수의 글씨 '재금捏琴.'

위하여 선생을 고빙雇聘하여 마산부 안 추산정趨山亭에서 글씨를 가
르치는데 배우는 아이가 여섯 명이라. 원래 선생은 통영군 거제면
하동주(원문에는 '하동'으로만 나온다–필자 주)로 호는 성파星坡인데
…… 제자 중 열 살 된 아이 박성찬과 아홉 살 된 아이 정종수鄭鍾秀
는 재예가 뛰어나 글자를 익힌 지 겨우 넉 달 만에 필법이 귀신같아
보는 자마다 눈을 놀래니, 오래지 않아 명필 대가가 되리라는 소문
이 자자하더라.

근대 경남 지역에서 추사체 잘 쓰기로 이름 높았던 서가 성파 하동
주河東州(1869~1943)가 마산에서 학동들에게 글씨를 가르쳤는데, 그중
특히 솜씨가 좋았던 박성찬과 정종수 두 아이를 "두 어린 명필"로 소
개하는 기사다. 《일당기사》에서 '정종수'를 '정진수'라고 잘못 식자植
字하긴 했으나, 정황상 이 기사가 《일당기사》 연보에 등장하는, 이완
용이 읽은 기사로 추정된다. 기사에 두 아이들의 글씨 사진도 실려 있
는데, 과연 추사체 느낌이 물씬 난다.

주목되는 건 이들이 사는 곳이 서울이 아니라 마산이라는 점이다.
경상남도 바닷가 고을 유지가 아이들에게 일부러 "붓글씨를 가르치
기 위해" 서가를 초빙해 성과를 내고, 그게 경성에서 발간되던 신문에
실려 일당 대감 이완용의 눈에 들기까지 한 것이다. 이뿐만이 아니다.
어린 학생이 쓴 글씨를 소개하며 "좋은 글씨", "재주 있는 소녀", "어

          1. 이완용은 과연 명필이라서 '명필'인가

른도 감당치 못한다"라고 칭찬하는 기사는《매일신보》를 비롯한 일제 강점기 신문에서 적지 않게 확인된다.

전라남도 제주군 서문 밖 진성동陳城洞에 사는 강석균康錫均 씨의 아들 강철수康喆洙는 태어난 지 30개월이 못 되어 글자를 3,000자 이상이나 알고 옛 시와 당음唐音(중국 한시—필자 주)을 능히 기억하더니 작년부터는 처음으로 붓을 잡는데 필법이 신기하여 서화를 무불통지하므로 주변 사람들이 신동이라 일컬어 글씨와 그림을 받아 가는 자가 매일 구름같이 모여들며, 지금 나이 여섯 살 된 아이로

〈그림 14〉
《매일신보》 1922년 5월 23일 자에 실린 '자전차왕' 엄복동嚴福童(1892~1951) 사진. 경성윤업회京城輪業會가 주최한 전 조선 자전거 경주대회에서 1등한 그에게 수여된 것은 이완용이 직접 '우승'이라 쓴 우승기였다. 근대 '붓글씨'의 또 다른 쓰임새였다.

문필이 이와 같이 구비된 것은 처음이라고 소문이 낭자하더라.

—《매일신보》 1913년 12월 5일 자 기사

예전 같으면 아무리 글씨를 잘 쓴들 고을 안에서나 신동이라는 평판 정도만 듣고 말았으리라. 하지만 이제는 신문이라는 새로운 매체를 통해 서울에까지 '명필'로 알려질 수 있게 되었다. 이는 분명 '붓글씨'에 대한 일제강점기 초기 사람들의 인식과 관계된다.

전통적 관점과 근대적 관점이 교차하던 그때 그 시절의 '붓글씨'는 분명 미술인 듯 미술 아닌 미술 같은 무엇이었다. 하지만 제도화된 '미술' 안에 포괄되었건 퇴출되었건, 붓으로 글씨를 쓰는 행위 자체는 예부터 사람들이 해야만 하는 행위로, 예전보다 더 많은 이들이 즐겼으며, 때로 자랑거리이자 세상에 드러날 수단으로 활용되기도 했다. 이완용이 '명필'로 추앙받던 시대는 아직 그런 분위기였다.

평상심시도平常心是道

이완용의 시그니처라고 해야 하지 않을까 싶을 만큼 그가 유달리 많이 써서 남긴 글씨가 있다. 지금까지 직접 본 것, 사진이나 영상에서 본 것을 합치면 십여 점이 더 되는 '평상심시도平常心是道' 곧 '평상심

　　　　　　　　　1. 이완용은 과연 명필이라서 '명필'인가

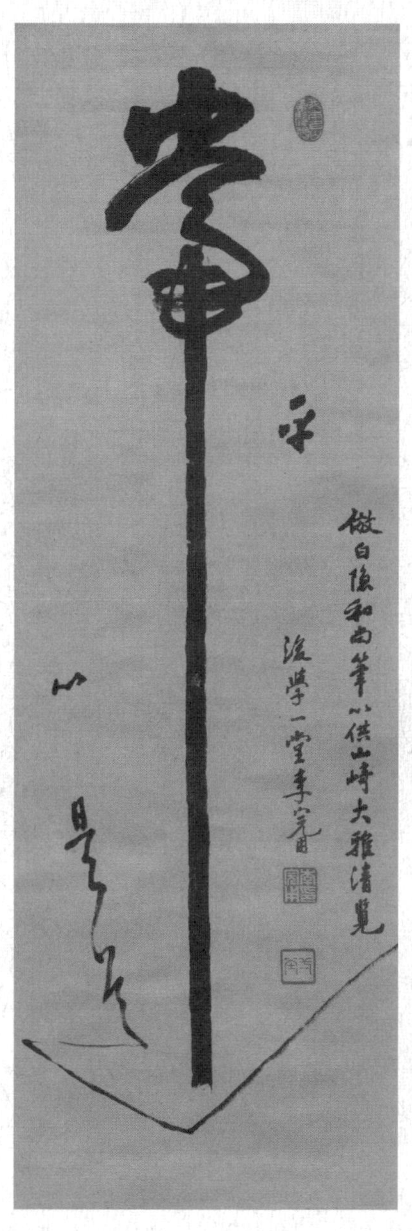

〈그림 15〉
이완용, 〈평상심시도〉 견본絹本.
개인 소장.

이 곧 도이다'라는 글씨이다. 이를 토대로 이완용 글씨에 관한 분석을 본격적으로 시작해 보도록 하겠다.

'평상심시도'는 중국 선불교 종장宗匠 중 한 분인 마조 도일馬祖 道一(709~788)의 법문 중 한 구절이라고도 하고 그 제자 남전 보원南泉 普願(748~834)의 말이라고도 한다. 지극히 평범한 마음, 곧 모든 분별을 끊고 억지로 노력하지 않는 '평상심'이 바로 진리라는 뜻이다. 좋은 말이다. 그런데 그 좋은 말을 펼쳐 낸 이완용의 글씨 형식이 참 독특하다.

세로로 길고 널찍한 비단 바탕이 준비되었다. 그 옆에 먹을 갈아놓은 벼루와 좋은 붓 몇 자루가 있다. 붓 중 한 자루를 쥐고 먹을 담뿍 묻힌 뒤 바탕 위로 붓을 옮긴다. '평평할 평平'은 툭 내던지듯 조그맣게 쓰고, '항상 상常'은 중봉, 곧 붓을 세운 채 깊이 눌러가며 한 획에 찍어 내는데 수건 건巾 획을 둥그렇게 두 바퀴 굴리고서 밑으로 쭉 힘있게 긋는다. 먹을 적신 붓털은 누르는 힘의 크기와 위치에 따라 굵어졌다 가늘어졌다 하므로, 굳이 붓을 바꾸지 않더라도 이 글씨 정도면 한 번에 쓰는 게 가능하다. 세로획을 누르듯 내리다 붓이 멈춘 자리에서 이완용은 미련 없이 붓대를 다시 벼루로 옮긴다. 슥슥 먹물을 진하게 묻혀 가며 붓털을 정리하고 다시금 '마음 심心'을 속필速筆로 쓴다. 여기까지만 해도 '쓴다'는 표현이 어울리지만, 그다음 '시도是道'는 쓴다기보다는 그린다. 심心을 쓰고 바로 그다음 시是, 그다음 도道를 한 붓에 그으니, 그새 붓에 먹물이 말랐는지 붓털이 끌리면서 비백飛白이 생

    1. 이완용은 과연 명필이라서 '명필'인가

긴다. 책받침(辶)의 각도를 휙 트니 붓이 서폭書幅 밖으로 튕겨 나간다. 그 위로 작은 글자 두 줄을 죽 내려쓴다. 한 획을 찍으며 다음 획을 어디에 둘까 생각하고 움직이듯 붓을 천천히 이어 나간다.

백은 화상의 글씨를 본떠서 야마자키 선생이

맑게 보시는 데 바치나이다.

후학 일당 이완용

倣白隱和尙筆 以供山崎大雅淸覽

後學 一堂 李完用

올이 곱고 노르스름한 비단 위에 쓴 '평상심시도', 아마 야마자키 山崎라는 일본인에게 주려 마음먹고 적은 모양이다. 붓이 지나간 자취가 지금껏 남아 있는데, 내용으로 보나 형식으로 보나 선필禪筆의 맛

〈그림 16〉《법화경》.
근대의 학승 경운擎雲(1852~1936)이 직접 필사한 책에
이완용이 제첨題簽(제목)을 썼다.
통도사 성보박물관 소장.

이 강하다. 제목題에도 들어있듯 백은 화상和尙(큰스님)의 글씨를 후학이 본 떴다고 했으니 당연한 일일 것이다.

실제 이완용은 꽤 독실한 불교 신자였다고 한다. 김천 직지사直指寺를 비롯한 여러 절의 현판을 쓴 것은 물론이요, 1917년 친일적 불교단체인 '불교옹호회'를 설립하고 스스로 회장을 맡을 정도였다. 조선총독부는 1911년 조선의 불교를 통제하기 위해 〈사찰령〉을 제정, 큰 사찰 30곳을 골라 삼십본산三十本山이라 이름 붙이고 주변의 다른 절을 관할하게 했다. 1914년에는 삼십본산연합사무소를 경성에 두었는데, 그 사무소의 평의원장을 이완용이 맡기도 했다. 그러면 그 일당거사一堂居士 이완용이 이토록 열심히 본뜬 '백은 화상'은 도대체 누구인가?

일본 승려 하쿠인 에가쿠

역사 속에서 '백은'이라는 스님을 찾아보면 한 분이 나타난다. 백은 혜학白隱 慧鶴(1685~1768)이라는 일본 에도 시대 중기의 선승이 그 주인공이다.

백은 혜학, 일본어로는 '하쿠인 에가쿠'라 읽는다. 그는 일본 임제종臨濟宗의 개혁자이자 중흥조로 꼽힌다. 임제종은 임제 의현臨濟 義玄(?~867)이 주창한 중국 선불교의 한 종파로, 간화선 곧 화두를 들고 참선하며 깨달음을 찾아가는 것을 종지宗旨로 삼는다. 도 높은 고승의 이미

     1. 이완용은 과연 명필이라서 '명필'인가

지 중 하나인 할喝(큰소리 지르며 깨우치기)이 임제의 주특기였다. 우리 나라의 선종도 고려 말기 태고 보우太古 普愚(1301~1382)와 나옹 혜근 懶翁 惠勤(1320~1376) 이후 임제종의 법통을 이어받게 된다. 일본에는 12세기 말 에이사이榮西(1140~1215)가 송에 유학하여 임제종을 배워 온 뒤 가마쿠라 바쿠후의 후원 아래 널리 퍼졌다. 주로 사무라이 계층 을 대상으로 세를 늘렸는데, 이들이 일본 불교계의 주류로 자리 잡자

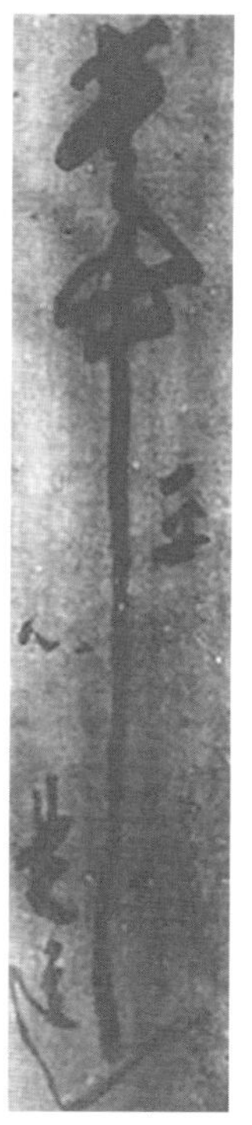

〈그림 17〉
하쿠인 에가쿠, 〈자화상〉(부분).
1767년 일본 시즈오카현 류타쿠지 소장(왼쪽).

〈그림 18〉
하쿠인 에가쿠, 〈평상심시도〉
《백은화상유묵집》 수록 사진)(오른쪽).

차츰 매너리즘에 빠지게 된다.

그렇게 활력을 잃었던 임제종에 새 바람을 불어넣었던 인물이 바로 하쿠인이다. 하쿠인은 깨달음을 얻은 뒤 대중 포교에 힘썼다. 어디서든 누구하고든 친구처럼 지내고 쉬운 말과 그림으로 부처의 가르침을 이해시켜 주었다 전한다.

하루는 한 사무라이가 하쿠인을 찾아와서는 극락과 지옥이 어디에 있는지 알려 달라고 물었다. 하쿠인이 그에게 "무슨 일을 하시는고?"라고 묻자 그는 "보시다시피 이름 있는 무사지요"라고 답했다. 그러자 하쿠인은 무사면 전장에나 나갈 것이지, 극락이나 지옥을 왜 찾아다니느냐고 말하며 "못난 놈!"이라고 욕했다. 사무라이는 그 발언을 지금 사과하지 않으면 칼을 뽑아 베겠다고 했다. 이에 하쿠인은 다시 이렇게 말한다. "보잘것없는 겁쟁이 무사 같으니라고." 화가 머리끝까지 오른 사무라이가 허리에 찬 칼을 뽑아 들자, 하쿠인의 입이 열렸다. "바로 그곳이 지옥이오." 무릎을 꿇고 사과하는 사무라이에게 하쿠인은 다시 이렇게 말한다. "지금은 극락의 입구외다."

하쿠인은 글씨와 그림에도 뛰어났다. 평생 1만 점가량 서화를 그렸다고 하는데, 〈달마도〉나 자화상이 많다. 일본의 서가 이시카와 쿠요오 石川九楊는 하쿠인의 글씨에 "서법의 실조失調"가 있으며 "글씨가 아니게 됨으로써 글씨이다"라는 역설로 이루어졌다 평했다. 그러니 이완용의 〈평상심시도〉 같은 '글씨 같지 않은 글씨'가 있을 법도 하다.

   1. 이완용은 과연 명필이라서 '명필'인가

실제로 하쿠인의 글씨를 찾아보면 이와 비슷한 필의筆意의 글씨가 여럿 있을 뿐만 아니라, 같은 문구를 쓴 〈평상심시도〉도 확인된다. 하쿠인의 〈평상심시도〉를 보면 이완용의 그것보다 거칠지만, 글자 구성과 배치가 거의 같다. 이미 1914년에 일본에서 하쿠인의 작품 사진을 모아 엮은 도록 《백은화상유묵집白隱和尙遺墨集》이 간행되었음을 염두에 두면, 이완용이 이를 보고 여기 실린 하쿠인의 〈평상심시도〉를 접했을 가능성은 충분하다.

서書 테크니션

배경 설명은 어지간히 한 것 같으니 이제 다시 이완용의 〈평상심시도〉 글씨로 돌아가 보자. 멀리서 보면 글씨의 오른쪽 어깨가 올라갔고, 글자 첫 획, 마지막 획이 퍽 길게 뻗었다. 그런데도 전체적으로는 글자들의 균형이 잡힌 편이다.

이완용은 안진경체顔眞卿體를 주로 썼다고 한다. 이 글씨에도 글자 모양에서 안진경체, 줄여서 안체顔體의 여운이 약간 엿보인다. 당나라 때의 이름난 서가 안진경이 구사한 안진경체는 박력이 있으면서도 정갈하며, 글자 획에 단단한 힘줄이 느껴진다는 평을 받는다. 이완용의 글씨에도 그러한 면모가 없는 것은 아니다. 하지만 그의 글씨에서는 뼈나 근육보다는 살집이 제법 도드라진다. 특히 호와 이름, 제문題文 부분의 작은 글자 획이 통통하다. 이완용이 쓴 다른 글씨를 보면 붓에 먹을 많이 묻혀 뭉텅뭉텅 써 내려간 경우가 많다. 안진경 글씨의 모습이기는 하되 이미 꼿꼿하고 날카로운 〈안근례비顔勤禮碑〉나 〈다보탑비多寶塔碑〉 글자는 연상되지 않는다. 굳이 따지자면 획의 굵기를 균일하게 하고 정사각형 틀에 꽉 채우듯이 쓴 〈안씨가묘비顔氏家廟碑〉에 가깝다.

자기 글씨체로 환골탈태시키려는 노력의 결과였는지 모르겠는데, 선대先代를 휩쓸었던 추사 김정희의 영향이 전혀 느껴지지 않는다는

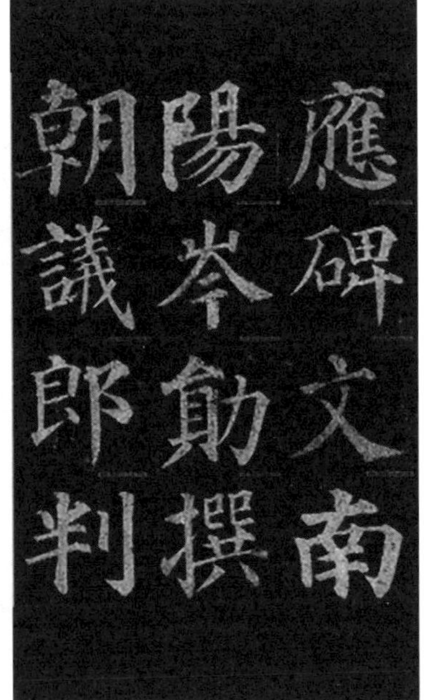

점이 이채롭다. 기실 이완용과 같은 시기를 살았던 근대 한국의 다른 관료나 문인들 작품을 보아도 추사체보다는 안진경체, 조금 더 엄밀히는 안진경을 깊이 공부해 일가를 이루었던 청나라 말기 서가 하소기何紹基(1799~1873)의 글씨체를 따른 경우가 많았다. 유행이란 이렇듯 생명력이 짧다. 그러니 이완용이 안진경체, 하소기체를 쓴 게 이상한 일은 아니다. 이는 이완용의 전기《일당기사》에서도 확인되는 사실이다.

(이완용의) 서법은 처음 하소기를 주로 하고, 이어 동기창董其昌(1555~1636)을 섞어 써서 끝내 입신入神의 묘경妙境을 얻었으니 …….

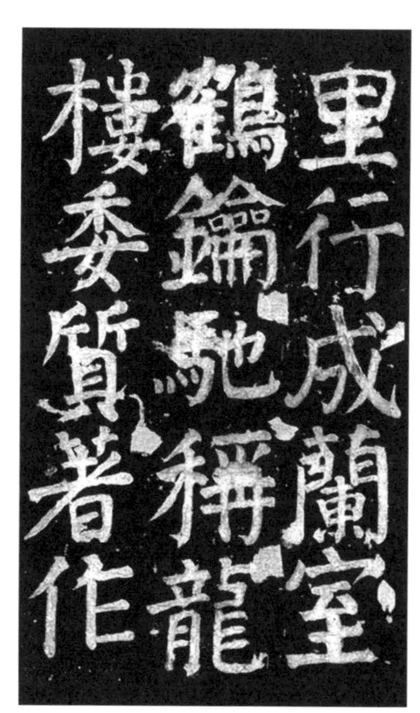

〈그림 19〉 안진경, 〈안근례비〉(부분).
〈그림 20〉 안진경, 〈다보탑비〉(부분).
〈그림 21〉 안진경, 〈안씨가묘비〉(부분).

각설하고 다시 작품으로 돌아가면, 획의 끝부분 삐침이 전혀 날카롭지 않고 축 처진 느낌마저 난다. 같은 안진경체 기반이지만, 송곳 같은 안중근安重根(1879~1910) 의사의 글씨와도 전혀 다르다.

글씨의 구도나 각도는 나무랄 데 없다. 하쿠인의 원본 〈평상심시도〉가 이와 비슷한 구도이기는 하지만, 그것을 감안하더라도 글자를 앉힌 위치 선정이나 크기의 변주가 나쁘지 않으며 글자의 형태도 상당히 예쁘다. 붓 전체가 화면을 꽉 채워 자칫 답답할 수 있는데 그렇게 느껴지지도 않는 걸 보면 공간 구성에 대한 감각도 엿보인다.

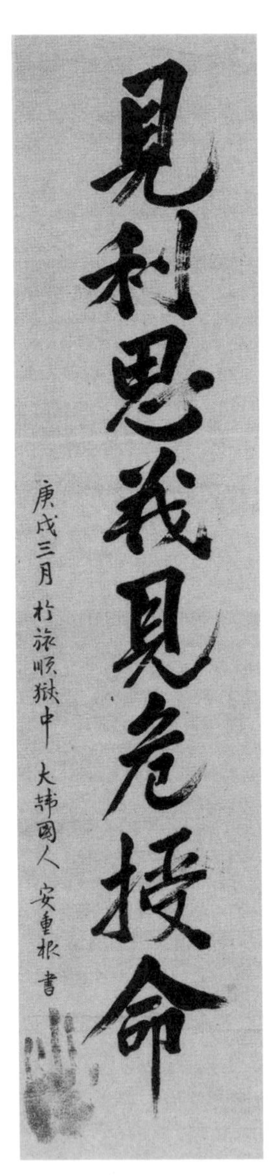

〈그림 22〉
안중근, 〈견리사의 견위수명〉.
보물, 동아대학교박물관 소장.

비단이나 중국 옥판선지玉版宣紙 바탕에 먹으로 글씨를 쓸 때는 특히 번지는 현상을 조심해야 한다. 자칫 잘못하면 첫 획부터 먹물이 흥건히 번져 나가 바탕을 망치기 때문이다. 그러나 이완용은 전혀 번짐 없이 진한 먹을 다루었다. 먹 쓰는 솜씨도 일품이라 할 만하다.

물론, 시판市販 먹물이라면 이야기는 좀 달라진다. 묵즙墨汁 또는 묵액墨液이라 불리는 판매용 먹물은 일본에서 1898년 처음 발명되었고, 이완용이 한창 글씨 쓰던 무렵엔 조선에도 들어와 있었다. 그러니 그가 이를 구해다가 썼을 가능성도 있다. 그런 먹물이라면 물을 조금 타서 개기만 해도 그럴듯한 효과가 난다. 과연 이완용은 어떤 먹을 썼을까? 당시 조선에서 구할 수 있는 고급 먹이라면, 우선 조선 왕실—이왕가李王家의 사무를 관장한 이왕직에서 경영하던 조선 공예품 제작시설 이왕직미술품제작소에서 만든 먹을 꼽을 수 있다. 에도 시대부터 지금까지 먹을 만들고 있는 일본 교토 고매원古梅園에서 나온 먹이나, 예부터 이름 높았던 중국 후이저우徽州 먹 같은 것도 생각해봄 직하다. 이완용이 어떤 먹을 썼을지 궁금하지만, 글씨를 살짝 긁어 내 화학성분

〈그림 23〉
《경성일보》 1929년 7월 23일 자에 실린
'불역묵즙不易墨汁' 광고.

을 분석해 보거나 하지 않는 한 당장은 확인하기 어렵다.

어찌됐든 먹이며 인주며 바탕이며 모두 고급품이라 그런 면도 있겠으나, 자기 기술 없이 이런 글씨를 쓰는 것은 불가능에 가깝다. 이것만 놓고 보면 이완용은 미술평론가 황정수가《경성의 화가들, 근대를 거닐다》에서 언급한 것처럼 "뛰어난 기능을 지닌 빼어난 테크니션"임에는 분명하다. 그러나 황정수도 말하였듯이 기술이 훌륭하고 결과가 꽤 예쁘게 나왔다고 해서 이를 좋은 글씨라고 하기는 어렵다. 이는 당대 사람들도 지적하고 있는 사실이다.

글씨 쓰는 것만 봐도 나야 무식해 잘 모르지만 그래도 눈으로 보아서 이완용 대감의 글씨가 좀 이쁘고 잘 되었소? 허지만 추사 글씨라는 걸 보면 사내답고 그것이 씩씩해서 좋더군. 그리고 글씨라는 것이 본시 그래야 할 것 같기두 해.

—《춘추》 2권 2호(1941), 대담 〈가무의 제문제〉 중 이동백李東白(1867~1949)의 말 중에서

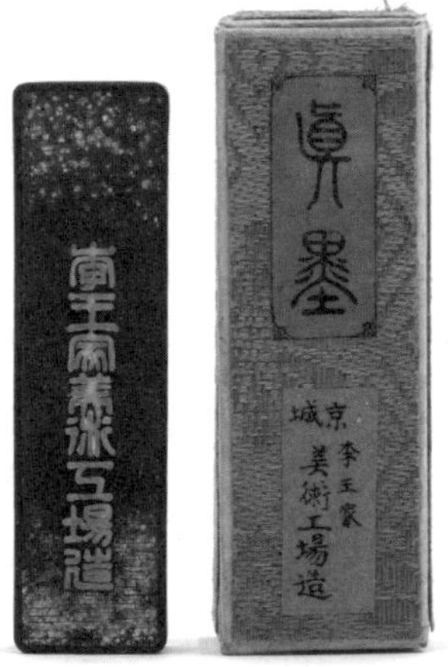

〈그림 24〉 진묵眞墨.
1910~1920년대, 이왕직미술품제작소에서 만들었음을 증명하는 '이왕가미술공장조'란 글씨가 선명하다. 서울공예박물관 소장.

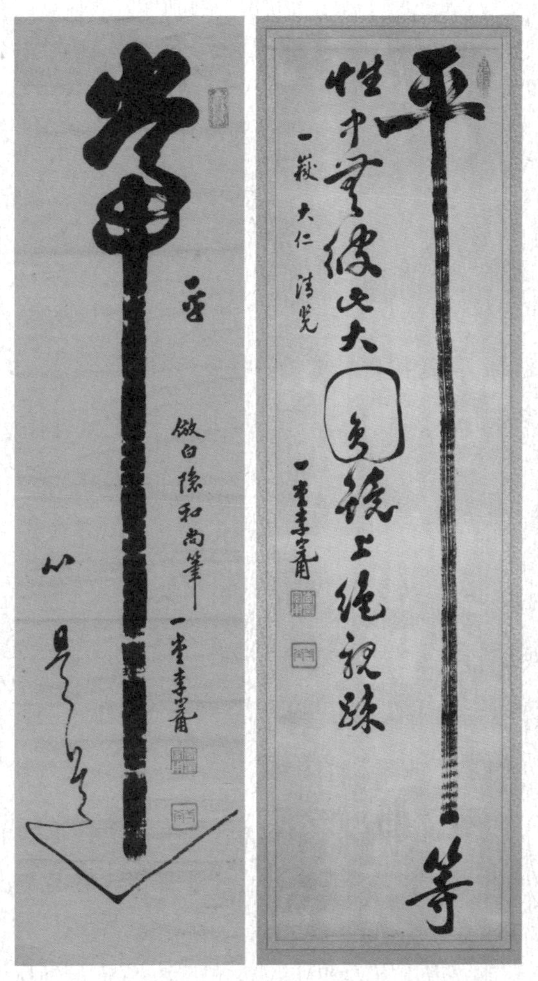

〈그림 25〉 이완용, 〈평상심시도〉 지본紙本. 개인 소장.
〈그림 26〉 이완용, 〈행서 칠언시〉. 국립전주박물관 소장.

철저하게 글씨만 놓고 보더라도, 이완용의 글씨가 '좋다'고 단언할 수 있을지 묻는다면 약간 갸웃거려진다. 앞서 이완용이 〈평상심시도〉를 즐겨 썼다고 했는데, 남아 있는 〈평상심시도〉를 보면 바탕이 크건 작건 글자 배치나 획의 움직임이 거의 같다. 독창성이 별로 없는 셈이다. 그리고 거친 맛이 살아 있는 하쿠인의 글씨와는 달리 글자가 너무 매끄러워 보인다. 먹이 덜 묻어 거칠게 보여야 마땅한 비백이 있음에도 거칠다기보다는 부드럽게 흘러가 버리는 느낌이 강하다.

혹 부드러운 비단에 썼기에 그렇다고 여길 분이 있을지 모르겠다. 이완용의 〈평상심시도〉 중 중국 옥판선지에 쓴 것을 살펴보면 비단에 쓴 글씨보다는 좀 낫지만, 역시나 거친 맛이 덜하다. 다시 말해 선승의 글씨를 흉내 내긴 했지만 그 내용이나 글씨체의 의도에 맞게 써진 것 같지는 않다.

이완용의 작품 중에서 획의 과장이 심하게 느껴지는 것이 종종 보인다. 획을 과장해서 길게 뽑으면 겉으로는 멋있게 보이긴 하지만 외려 격은 떨어진다. 애초에 기교가 승한 인물인지라 육식하지 않는 이들처럼 맑고 고고하게 트인 기운, 곧 '채소 기운[蔬筍之氣]'이 서려야 하는 내용마저 그렇게 과장해서 쓸 수밖에 없었는지도 모르겠다.

【그는 이런 도장을 찍었다】

글씨건 그림이건, 마무리한 후 작가는 마지막에 도장으로 끝을 맺는다. 옛날 분들은 이때 찍는 도장을 도서圖署라고 했다. 낙관落款이라는 표현이 익숙할 텐데, 이는 작품에 자신의 아호나 이름을 적고 도장을 찍는 일 자체인 '낙성관지落成款識'를 줄여 부르는 말이다. 이완용 또한 '낙관'에 필요한 '도서'를 여럿 가지고 있었고, 이를 작품에 찍었다. 〈평상심시도〉도 마찬가지이다.

두인頭印이라고 해서 글 첫머리에 찍는 도장, 흰 글씨의 성명인姓名印과 붉은 글씨의 아호인雅號印, 이 세 가지가 한 조의 '도서'를 이룬다. 더러 유인遊印이라 하여 여백을 채우기 위해 찍는 것도 있긴 하다. 이 중 두인과 유인에는 명구名句나 좌우명을 새겨 넣는 경우가 많다. 작가 자신의 지향점이 작품 자체보다 여기에서 더 잘 드러나기도 한다.

〈그림 27〉
〈평상심시도〉 견본의 이완용
성명인·아호인.

그러면 이완용은 어떤 도서를 찍었는가? 성명인은 '이완용인李完用印', 아호인은 '일당一堂'이다. 그의 작품에서 가장 흔하게 관찰되는 인영印影(도장을 찍은 모습)이다. 주목되는 것은 두인이다. 옥저전玉箸篆, 곧 옥 젓가락처럼 가느다란 전서체로 '아본명산대발승我本名山帶髮僧'이라 쓴 도서이다. "나는 본래 이름난 산의 머리카락 난 중이라"라는 뜻이다. 불가의 명구이니 신경 써서 고른 것이겠지만, 주인의 행적을 생각하면 탄식과 한숨이 절로 나온다.

이완용의 작품에 찍힌 인영을 검출해 내용을 살펴보면 상당히 재미있다. "일할 때는 근면하게"라는 '집사근執事勤'이야 그의 생활신조라 할 수 있으니 제쳐 두자. '부귀수고富貴壽考', 곧 "부유하고 귀하며 오래 살기를"은 조선의 '현금왕'이라 불리며 후작에 오르고 69세라는 수명을 누린 일당 대감이 바로 연상

〈그림 28〉
〈평상심시도〉 견본의
이완용 두인.

〈칼럼 1─그런 어떤 도장을 찍었다〉

되고, '일삼성오신日三省吾身', 곧 증자曾子의 "하루에 세 번 나
자신을 반성한다"는 말을 새긴 두인은, 그렇게 반성한 결과가
매국이었나 싶어 서글퍼진다. 인왕산 나무꾼이라는 뜻의 '인
왕산초부仁王山樵夫'는 인왕산 자락 옥인동 19번지 대저택에서
있는 영화榮華 없는 영화를 다 누리던 그를 다시금 생각하게 한
다. '천하일등인충효天下一等人忠孝', 곧 "천하에 으뜸가는 사람
은 충효를 다하는 이라"에 이르면 덧붙일 말이 없다. 다들 참
좋은 말들인데, 아무리 좋은 명언 명구라도 어울리는 사람은
따로 있다.

〈그림 29〉 이완용 인보印譜.
그가 사용했던 도장 중 일부의 흔적을 모아 보았다. 크기는 실물과 다를 수 있다.
위 왼쪽 두 번째는 '비왈능지非曰能止' 곧 '아닌 것은 그칠 수 있어야 한다'는 뜻이고,
아래 왼쪽 세 번째는 '상심시도常心是道' 곧 앞서 본 '평상심시도'와 통한다.

이 도장들을 과연 누가 이완용에게 새겨 주었을까 하는 의문도 생긴다. 그 시절 한국에서 도장 새김, 곧 전각篆刻 하면 위창葦滄 오세창과 성재惺齋 김태석金台錫(1875~1951), 둘을 꼽았다. 김태석과 이완용의 관계는 뒤에 자세히 설명하겠지만, 3·1운동 민족대표 33인 중 한 명인 독립운동가 오세창도 이완용과 인연이 없지 않았다.

오세창은 역매亦梅 오경석吳慶錫(1831~1879)의 아들이다. 역관이었던 오경석은 만년의 김정희에게 많은 가르침을 받았고, 이상적에게는 후배이자 제자가 된다. 앞서 이완용이 1873년 무렵부터 이상적의 사위 이용희에게 배웠을 가능성을 짚은 바 있

〈그림 30〉 오세창.
가학家學인 금석학과 서화·전각에
정통하여 근대 한국 예술계의
정신적 지주 역할을 했다.

     〈칼럼 1-그런 이런 도장을 찍었다〉

다. 오세창과 이완용은 비슷한 수학修學 배경을 가졌던 셈이다.

1896년 7월 4일, 《독립신문》 1면 1단에 논설이 실린다. 논설 첫 문장은 "아마 죠션도 차차 되야 가나 보더라." 새문 밖 영은문迎恩門을 허물고 남은 자리에 독립문과 독립공원을 세우려 하니 바라건대 기부금을 내달라는 내용이다. 그 일을 자임한 것이 바로 독립협회다. 그때의 위원장이 이완용이요, 간사원 10명 중 한 분이 오세창이었다.

강제병합 이후에도 둘 사이에 접점이 확인된다. 《서화백년》에 실린 김은호의 회고에 따르면 1910년대 서화미술회 '사랑방'에 "당시의 세도가·선비·미술애호가"들이 모여들어 시도 주고받고 바둑도 두면서 놀았는데, 오세창은 거의 매일 나와 앉아 있었고 "이완용도 심심찮게 사랑방에 나와서 놀다 갔다"고 한다. 자리에 모인 이들은 으레 시담詩譚을 나누고 서화를 즐기며 친교를 나누었다. 이뿐만이 아니다. 오세창은 1918년 결성된 서화협회 발기인 13인 중 한 명이 되었는데, 이때 이완용이 서화협회 고문 자리에 앉았다. 이런 인연이 있었으니만큼, 오세창이 언젠가 이완용의 도장을 새겨 주었을 개연성을 배제할 수는 없다.

물론 중국이나 일본 전각가의 작품도 있을 것이다. 이완용의 시대 중국에서는 오창석吳昌碩(1844~1927)이나 제백석齊白石(1863~1957) 같은 전각의 거장이 활동하고 있었다. 그들의 작품은 중국을 드나드는 사람들을 통해 한국에도 알려져 있었고, 한국 서화가들이 그들에게 글씨나 전각을 주문해 받는 경우도 적지 않았다. 일제강점기의 이름난 서화가 김규진의 아들이자 제백석의 제자인 청강晴江 김영기金永基(1913~2001)의 회고는 이런 정황을 잘 보여 준다.

내가 중국 유학으로 북경에 가기 전에도 몇몇 선배 유지들(다산多山 박영철朴榮喆(1879~1939) 같은 이)에 의해 백석의 전각 등이 들어왔지만, 백석의 예술이 본격적으로 유입된 것은 나의 중국 유학이 하나의 계기가 된 것으로 생각한다. …… 이

〈칼럼 1-그런 이런 도장을 찍었다〉

병직李秉直(1896~1973) 선생은 내 부친의 수제자로 작가인
동시에 수장가로도 이름이 높았다. 어느 해인가, 선생이 부탁
한 백석의 전서 '고경당古經堂'과 '송은평안松隱平安', '병직장
수秉直長壽'라는 큼직하고 좋은 석인재의 전각을 전하니 선생
은 희색이 만면하여 "청강, 참 수고했수! 이렇게 귀한 예술품
을 가만히 앉아서 구할 수 있으니 참 고맙군. 중국 사람은 일
본놈처럼 총은 쏠 줄 몰라도 서화 예술은 당할 자 없지!" 하며
손에 든 전각을 몇 번이나 화선지에 찍어 보면서 감탄하는 것
이었다.
—김영기,《중국대륙예술기행》,〈청강의 북경유학기〉중에서

요즘도 외국에 나가는 사람에게 이러이러한 걸 구해 달라고
부탁하듯, 그때도 중국 유학생에게 다리를 놔달라 부탁해서 서
화나 전각을 받곤 했던 모양이다. 물론 직접 중국에 가는 사람
도 있었고 말이다.

또 당시 일본 전각계는 크게 에도 시대 이래의 작품을 계승
한 보수파와 청나라 말기 전각을 수용한 혁신파로 나뉘어 있었
다. 그중 영향력이 컸던 건 혁신파로, 거기 속한 가와이 센로河

井荃廬(1871~1945) 같은 이는 직접 청나라에 건너가서 오창석을 사사하기도 했다. 그는 오세창, 김태석과도 교분이 있었고, 고봉주高鳳柱(1906~1993) 같은 조선인 제자도 두었다. 가와이뿐만 아니라 당시 일본의 여러 전각가는 한국과 중국의 전각가들과 널리 교류하며 영향을 주고받고 있었다. 아다치 다쓰히코足達達彦(1868~1946), 마츠우라 요우겐松浦羊言(1885~1931), 오이시 난잔大石南山(1885~1945), 이이다 슈쇼飯田秀處(1892~1949) 같은

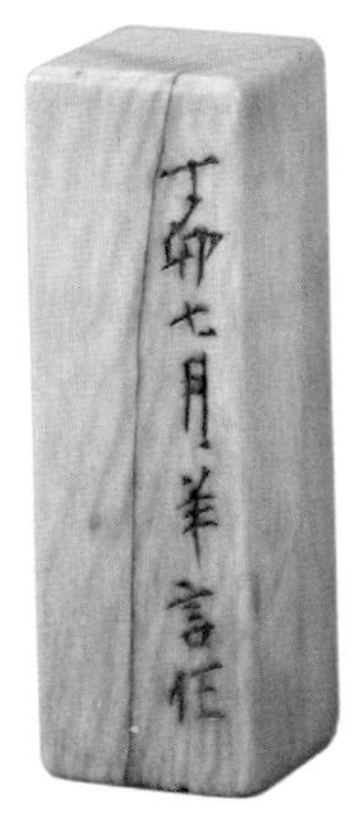

〈그림 32〉 마츠우라 요우겐이 새긴 이당 김은호의 상아 도서 1조. 국립중앙박물관 소장. 마츠우라가 1927년 7월 한성에서 만들었다는 사실을 도서 옆에 새겼는데, 이를 측관側款이라 한다.

　　　　　　　〈칼럼 1-그런 이런 도장을 찍었다〉

일본 전각가는 조선 서화가와 수장가의 전각을 여럿 새겨 주고, 직접 경성에 건너와 인방印房을 차리거나 조선인 제자를 가르치기도 했다. 이런 시기에 이완용이 중국이나 일본 전각가에게 도장을 받지 않았다고 한다면 그것이 더 이상하지 않을까. 그의 도장이 실물로 남지 않아 정확히 어떤 것을 누가 언제 새겼는지 파악하기는 어렵지만 말이다.

2.
독립문獨立門 편액, 과연 누구 솜씨인가

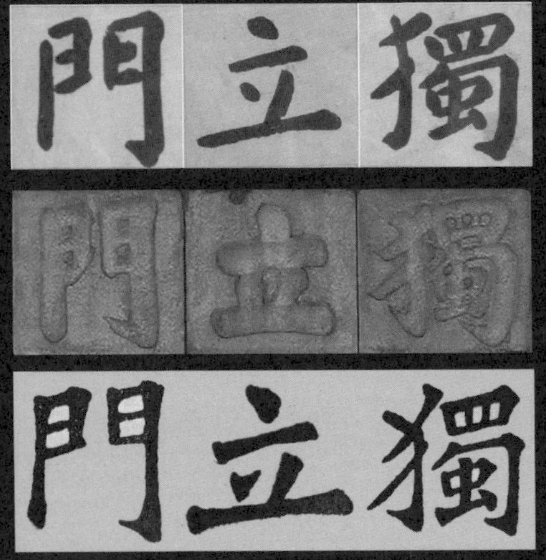

독립문에 자유종이 걸리기까지

서울 지하철 3호선 경복궁역에서 북쪽으로 한 정거장만 가면 독립문역이 나온다. 거기에 내리면 사방에 온통 "독립"의 외침이 가득하다. 독립문, 그리고 독립공원, 독립관, 서대문형무소역사관(옛 서대문형무소), 그 뒤쪽 산등성이 위에 들어선 국립대한민국임시정부기념관까지, 가히 암울하던 시절 '홀로서기'를 위해 몸부림치던 우리 민족의 모습을 보여 주기 위해 존재하는 듯한 공간이다.

이곳이 독립이라는 의미로 다가오게 된 첫 번째 이유는 물론 저 독립문에 있다. 사실 청나라 사신을 맞이하던 영은문을 헐어 버린 자리에 독립문을 세울 당시의 '독립'은 청과의 조공–책봉 관계를 청산한다는 의미였지, 모든 외세—특히 일본—로부터의 자유나 자주를 뜻

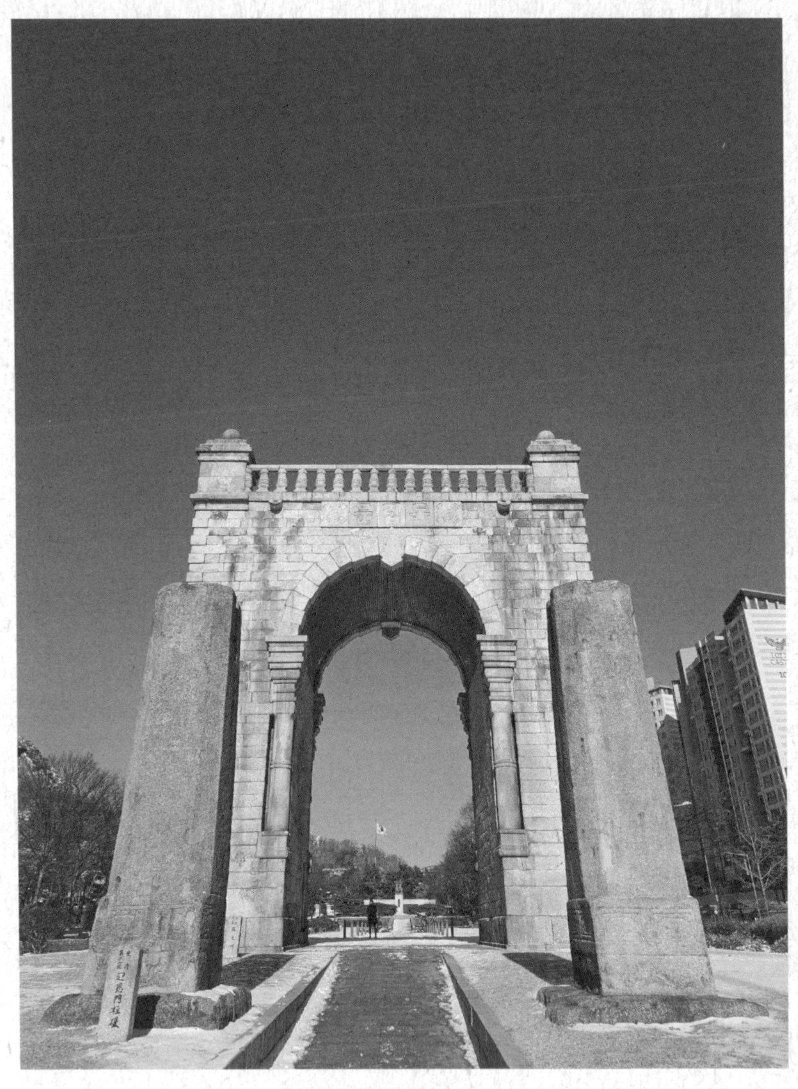

〈그림 1〉 독립문과 영은문 주초
사적.

〈그림 2〉
1949년 9월 15일 발행된
조선은행권 신 5원 지폐.
개인 소장.

하는 건 아니었다. 하지만 일단 한번 독립문을 세워 놓자, 문에 새겨진 '독립'은 시간의 흐름에 따라 서로 다른 뜻으로 호명되었다. 만주에서 풍찬노숙하며 조국의 해방을 꿈꾸던 1920년대 독립군은 "독립문의 자유종이 울릴 때까지/ 싸우러 나아가세"(〈독립군가〉)라고 목 놓아 외쳤고, 정부 수립 직후인 1949년 조선은행에서는 5원과 10원 지폐에 무궁화와 독립문을 함께 새겨 넣었으며, 2018년 서대문형무소 역사관에서 거행한 삼일절 기념식에선 대통령 이하 참석자들이 "3·1운동으로 시작된 국민주권의 역사"를 기억하며 태극기를 들고 만세를 부르면서 독립문을 통과하였다. 그런데 한 가지, 독립문의 정체성과 관련하여 다시 생각할 만한 문제가 있다. 독립문의 제액, 곧 편액

〈그림 3〉
〈독립문〉 편액(한글 '독립문').

〈그림 4〉
〈독립문〉 편액(한자 '獨立門').

글씨 ‘독립문’과 ‘獨立門’을 누가 썼느냐 하는 것이다.

한글 ‘독립문’과 한자 ‘獨立門’을 같은 사람이 썼는지 확언하기는 어렵다. 다만 한글 가로획과 ‘설 립立’ 자의 획 굵기와 살짝 위로 솟은 각도가 거의 같은 점을 봤을 때 둘을 동일인이 썼다고 해도 큰 무리는 아니라고 생각한다. 그럼 정사각형 돌 위를 꽉 채우듯 새겨져 굳세고 엄정한 느낌을 주는 이 ‘독립문’과 ‘獨立門’을 쓴 이는 과연 누구일까?

독립문 건설의 주체였던 독립협회가 발간한 《독립신문》, 《대죠선 독립협회 회보》에 편액을 누가 썼다고 적혀 있다면 간단히 해결될 일이다. 하지만 희한하리만치 거기엔 〈독립문〉 편액에 관한 이야기가 나오지 않는다. 청나라 사신이 머물던 〈모화관慕華館〉 편액을 떼고 붙인 〈독립관〉 편액이 당시 왕태자였던 순종(재위 1907~1910)의 글씨임을 밝히고 있음에도 말이다.

"이완용이가 쓴 것이랍니다"

그렇다면 누가 저기 붙은 ‘독립문’과 ‘獨立門’을 썼을까? 이를 두고 크게 두 가지 주장이 대립한다. 바로 이완용 설과 김가진金嘉鎭(1846~1922) 설이다.

2. 독립문獨立門 편액, 과연 누구 솜씨인가

1924년 7월, 《동아일보》에 연재되던 〈내동리 명물〉이라는 꼭지에
독립문 이야기가 나온다. 여기선 독립문 편액 글씨를 쓴 이가 다름 아
닌 이완용이라고 적시하고 있다.

> 교북동 큰길가에 독립문이 있습니다. …… 그 위에 새겨 있는 '독립
> 문'이란 세 글자는 이완용이가 쓴 것이랍니다. 이완용이라는 다른
> 이완용이가 아니라 조선귀족 영수 후작 각하올시다.
> —《동아일보》 1924년 7월 15일 자 기사 중에서

이때는 이완용이 살아 있었을 때고 위세 등등하던 시절이라, 혹 사
실관계가 틀렸다면 정정 보도를 요청했을 법도 한데 그런 흔적은 보
이지 않는다. 기사의 신빙성을 다소나마 높여 주는 부분이다. 게다가
이완용은 독립문과 떼려야 뗄 수 없는 인연이 있었다.

앞서 보았듯 이완용은 독립협회 창립 발기인이자 위원장이었다.
독립협회는 창립 당시 관료 반, 민간인 반으로 구성되었는데 이완용
은 외부대신外部大臣으로 관료 측의 2인자 격이었다. 그래서인지 그는
독립문 건립에 기부금 100원을 냈다. 《독립신문》 창간호에 따르면
1896년(고종 33) 상품上品 쌀 한 되에 3냥 4돈 5푼 곧 3.45원이었고 《한
영자전》 한 책이 4원이었으니 당시 100원이면 꽤 큰 액수다. 게다가
이완용은 독립문 주춧돌을 놓는 정초식에선 이런 연설도 했다.

독립을 하면 나라가 미국과 같이 세계에 부강한 나라가 될 터이요, 만일 조선 인민이 합심을 못 하여 서로 싸우고 서로 해하려고 할 지경이면 유럽에 있는 펄낸(폴란드-필자 주)이란 나라 모양으로 모두 찢겨 남의 종이 될 터이라. 세계 사기史記에 두 본보기가 있으니, 조선 사람은 둘 중에 하나를 뽑아 미국같이 독립이 되어 세계에 제일 부강한 나라가 되든지, 펄낸같이 망하든지 좌우간에 사람 하기에 있는지라. 조선 사람들은 미국과 같이 되기를 바라노라.

—《독립신문》 1896년 11월 24일 자 기사 중에서

1890년대만 하더라도 이완용은 미국을 다녀와 서양 문물과 제도의 발전상을 현장에서 보고 겪은 몇 안 되는 조선 사람이었고 '독립'을 열렬히 부르짖던 개화 인사였다. 서양, 특히 미국 지향적이었던 독립협회가 조선의 '독립'을 위해 세우는 기념물에 새길 글씨를 받는다

〈그림 5〉 이완용, 〈해서 저존재著存齋〉.
국민대학교 박물관 소장(출처: 한국데이터진흥원).

면 고려 대상이 될 수밖에 없는 이였던 셈이다. 뒷날 이완용은 독립협회 회장에까지 오르기도 했다.

그런데 정작 이완용의 전기《일당기사》에는 그가 〈독립문〉 편액을 썼다는 얘기가 전혀 없다. 일제의 눈치를 봐서라고 생각할 수도 있으나, 막상 일제는 1917년 독립문 기초를 보수했고 1928년 4,100원을 들여 독립문을 수리했으며 1936년 '고적'으로 지정할 만큼 의미를 부여했다. 일제가 '청으로부터의 독립'을 기념해 세웠던 독립문을 이처럼 별로 꺼리지 않았다면, 이완용이 독립문 편액을 썼다는 사실을 굳이 숨길 이유가 있었을까. 이완용이 다른 편액 쓴 이야기를 연보에 날짜별로 적어 둔 것을 보았을 때, 그가 〈독립문〉 편액을 썼다면《일당기사》를 편찬한 김명수가 밝히지 않았을까.

1894년(고종 31) 관립 한성법어학교漢城法語學校 교장으로 초빙된 이래 서울에서 50년 넘게 살며 대한제국의 마지막을 지켜보았던 프랑스인 에밀 마르텔Emile Martel(1874~1949)이라는 이가 있다. 그는 1932년 일본어 신문《조선신문》에 〈외국인이 본 38년간의 조선 외교계〉라는 제목으로 자신의 회고담을 연재했는데, 여기에 독립문 이야기가 나온다. 그는 자신이 근무하던 법어학교, 곧 프랑스어 학교 학생들과 함께 독립문 정초식을 목격했고 이완용의 연설도 직접 들었다. 그런데 그는 이완용이 독립문 정초식 축사를 했음에도 결국 대한제국 총리대신으로 강제병합조약에 서명한 사실을 "불가사의하다면 불가사

의한 인연不思議といへば不思議つきせぬ因緣"이라고 강조하면서도, 이완
용이 〈독립문〉 편액을 썼는지 여부는 언급하지 않았다. 이완용이 편
액을 썼다는 사실이 독립문 건립 이후 널리 알려졌다면, 측근은 물론
이고 마르텔 정도 되는 이가 회고에서 언급할 법도 한데 전혀 그렇지
않았다. 기록은 오직 동네 명물을 소개하는 신문 칼럼 몇 줄뿐이었다.
이는 분명 이완용 설의 약점이다.

또 하나의 후보, 김가진

그러면 또 다른 글쓴이로 언급되는 김가진은 누구인가? 호를 동농東
農이라 했던 그는 안동 김씨 가문의 서출이었다. 일찍이 개화사상에
눈을 떴던 그는 1877년(고종 14) 관직에 오른 뒤 여
러 벼슬을 거치며 승승장구했다. 미국에 갔던
이완용과 달리 김가진은 1887년(고종 24)부
터 주일공사로 몇 년간 도쿄에 머물렀으며,
귀국한 뒤에도 군국기무처軍國機務處회 의
원, 병조참의, 전우국총판電郵局總辦, 각 도
관찰사, 중추원 의장 같은 요직을 여럿 역
임하였다. 또 독립협회 창립에 참여하여 위

〈그림 6〉 김가진.

〈그림 7〉 김가진, 〈행서 대련〉.
국립중앙박물관 소장.

원으로 선출되고 기부금 10원을 냈으며, 만민공동회萬民共同會에도 적극 가담하였다.

1905년(고종 42) 대한제국의 외교권을 일본이 강탈하는 조약인 을 사늑약이 체결되자 당시 중추원 부의장이었던 김가진은 민영환閔泳煥 (1861~1905) 등과 함께 격렬하게 반대했다. 끝내 을사늑약이 발효된 뒤에는 1906년 외직外職인 충청도 관찰사에 부임했고, 애국계몽운동 단체인 대한자강회大韓自强會가 조직되자 이에 참여하였다. 1908년(순종 2) 7월에는 대한자강회를 계승한 대한협회大韓協會의 제2대 회장으로 선임된다.

1910년 일제가 대한제국을 강제병합한 뒤 유력 인사들에게 귀족 작위를 수여하는데, 그때 김가진은 남작 작위를 받았다. 여기서 그쳤다면 그의 삶은 다른 매국 귀족과 크게 다르지 않았을 것이다. 하지만 김가진은 1919년 3·1운동이 일어나자 전협全協(1878~1927) 등이 창설한 독립운동단체 대동단大同團의 총재로 추대되어 독립운동에 몸을 던진다. 1919년 10월 본인이 직접 중국 상하이로 망명하고, 그 직후 의친왕義親王 이강李堈(1877~1955)을 상하이로 망명시키기 위한 계획을 짜서 실행에 옮겼다가 실패한다. 이후에도 김가진은 대한민국임시정부 고문으로 활약하며 독립운동을 이어가다가 1922년 숨을 거둔다.

김가진도 당대에 시문과 글씨로 이름을 날린 인물이다. 그와 같은 시대를 살았고 친분이 깊었던 오세창은 《근역서화징》에서 김가진이

2. 독립문獨立門 편액, 과연 누구 솜씨인가

원교圓嶠 이광사李匡師(1705~1777)의 글씨체를 구사했다고 평하였다. 실제 그의 글씨를 보면 원교의 글씨와 닮았다. 1918년 무렵 작성된 그의 이력서(후손 소장)에는 왕희지王羲之(307~365) 글씨에서 힘을 얻었고 진晉·당唐의 명가를 섭렵했으며 미불米芾(1051~1107)과 동기창 서체를 즐겼다고 기록되어 있기도 하다. 붓놀림이 유연하고 빠르게 전개되는 김가진의 글씨는 당시 사람들에게 퍽 인기가 있어서, 지금도 작품이 적잖이 전해진다.

그가 〈독립문〉 편액을 썼다는 주장은, 그의 며느리이자 대한민국임시정부의 안살림을 도맡다시피 했던 독립운동가 정정화鄭靖和(1900~1991)가 처음 제기했다. 정정화는 회고록에서 이렇게 이야기했다.

독립협회가 결성되었을 때 시아버님은 역시 주동적 역할을 하였다. 그리고 독립협회의 발기로 독립문이 건립되었을 때 그 양면의 한자 및 한글로 된 글씨는 다 시아버님의 휘호였다. 시아버님이 문필에 능하였음은 널리 알려진 사실이다. 특히 서예가 출중하여 비원 내 대부분의 현판과 더불어 전국 각처에 많은 필적을 남겨 놓았다. 그 중에서도 가장 정성을 들인 유필은 바로 독립문의 필적이다.
—정정화, 《장강일기》, 〈북으로 가는 야간열차〉 중에서

하지만 정정화는 독립문이 서고 3년 뒤에 태어난 사람이다. 그러니

그 또한 전해 들은 말을 기억해 두었다가 나중에 기록한 것이다. 후손의 증언 말고 김가진이 〈독립문〉 편액을 썼다는 근거가 또 있을까? 정황 증거는 몇 가지 찾을 수 있다. 독립협회 창립 당시 김가진은 위원장 포함 9명의 위원 중 한 명이었다. 그런데 그중 두 번째로 나이가 많았다. 김가진보다 나이가 두 살 많았던 김종한金宗漢(1844~1932)은 독립문 건립 직전인 1895년(고종 32) 당시 벼슬이 궁내부宮內府 협판協辦(차관)으로 농상공부農商工部 대신(장관)이었던 김가진보다 직책이 낮았고, 안동 김씨 항렬상 조카뻘이었다.

그리고 김가진에겐 '청으로부터의 독립'을 경하하는 문에 편액을 쓸 만한 이유가 있었다. 바로 그의 11대조 선원仙源 김상용金尙容(1561~1637)이다. 김상용은 인조(재위 1623~1649) 때 우의정까지 올랐던 인물로, 청 태종 홍타이지(재위 1626~1643)가 조선을 쳤던 병자호란 당시 강화에 있었다. 청군이 강화해협을 건너 물밀듯 밀려들자 그는 강화성 남문에 올라 담배 한 대를 청한 후 그 불씨를 화약에 던져 자폭했다. 청나라에 죽음으로 항거했던 김상용, 그의 자손들에겐 그래서 숭명배청崇明排淸이 단순히 글자 속 넋두리만은 아니었다. 김가진이 청을 어떻게 생각하고 있었을까. 이는 매천梅泉 황현黃玹(1855~1910)의 《매천야록梅泉野錄》이 잘 보여 준다.

영은문을 헐고 삼전도비三田渡碑를 넘어뜨렸다. …… 김가진은 김

   2. 독립문獨立門 편액, 과연 누구 솜씨인가

상용의 후예이다. 그는 이때 어깨를 으쓱이면서 "이제 누조累朝 동안 피폐했던 치욕을 씻고 신자臣子의 사사로운 원수를 갚았으니 개화의 이로움이 어떠하오?"라고 하였다.

—황현, 《매천야록》 권2 중에서

인조가 청 태종 앞에 엎드려 삼배구고두三拜九叩頭를 행했던 삼전나루 터에 세운 삼전도비, 곧 대청황제공덕비를 청일전쟁 이후 조선이 청과의 사대관계를 청산하면서 무너뜨린 상황을 두고 김가진이 "사사로운 원수를 갚았다"고 했다는 것이다. 물론 "매천의 붓 아래 온전한 이 없다梅泉筆下無完人"던 그 황현답게, 황현은 김가진에 대해서도 "과거에 급제하여 청직淸職에 있으면서 온갖 교활한 짓을 다하여 한때는 간사한 무리들의 괴수가 되기도 하였다"라며 꽤나 날 선 비평을 내린다. 하지만 청일전쟁이 끝나고 그가 김상용의 원수를 드디어 갚았

〈그림 8〉 넘어진 삼전도비.
(국립중앙박물관 소장 유리건판).

다는 반청 의식을 노골화한 모습도 유감없이 보여 준다. 이런 사정을
고려하면 김가진이 청과의 사대관계를 청산하는 상징인 독립문의 편
액을 쓸 자격이 없다고는 못할 것이다.

김가진은 독립문에 남다른 애착을 보이기도 했다. 김가진이 황해
도 관찰사로 내려갔던 1898년(고종 35) 1월,《독립신문》에 이런 기사
가 실린다. 그가 황해도 해주의 명물인 먹에다가 독립문을 새겨서 뿌
렸다는 이야기이다.

> 황해도 관찰사 김가진 씨가 해주먹 판을 이번에 새로 만들어 먹에
> 박아서 전국에 반포하였는데, 그 먹 전면에는 제국독립문帝國獨立門
> 이라 박아 도금하였고 후면에는 독립문을 온통 본떠서 박고 국기와
> 독립문에는 또한 도금을 하였더라. 물건에까지 이렇게 판각하였으
> 니 김씨의 마음에 독립 두 글자 사랑하는 것을 깊이 치사致謝하노
> 라. 전국 인민이 한마음으로 애국하여 독립 두 글자 생각하기를 이
> 먹에다 각한 것과 같이하기를 우리는 바라노라.
>
> ―《독립신문》 1898년 1월 25일 자 기사

이만하면 김가진이 '독립문'과 '獨立門'을 썼을 가능성도 이완용
만큼이나 크지 않을까. 하지만 이 역시 정황 증거일 뿐 그가 썼다는
직접적인 증거는 되지 못한다.

2. 독립문獨立門 편액, 과연 누구 솜씨인가

자, 그러면 과연 '독립문'과 '獨立門'은 누가 썼을까?

독립문, 독립문 그리고 독립문

독립문의 '독립문'과 '獨立門'은 누구 글씨일까. 이완용 설과 김가진 설 모두 나름대로 정황 증거를 갖추고 있다. 이런 상황이라면, 차라리 글씨체로 판별해 보자는 주장이 나옴 직하다. "글씨는 그 사람이다"는 말마따나, 사람은 누구나 자신만의 글씨 쓰는 버릇이 있고 이는 자연스레 글씨에 각자의 개성이 스며 나오게 만든다. 일부러 다르게 쓰려고 하지 않는 한 나이가 들어도 크게 바뀌지 않는다. 글씨체를 통해 그 주인의 성격과 심성을 추적하는 필적학이 존재할 수 있는 이유다. 굳이 필적학까지 동원할 필요도 없다. 바로 옆에 놓고 보면 다른 점이 안 보이겠는가. 철저히 인상을 비교해 보는 과정 또한 흥미롭지 않을까.

사실 〈독립문〉 편액은 흘림기가 없는 해서라서 개성이 뚜렷하지 않다는 난점이 있지만 몇 가지 단서를 토대로 견주어 볼 수는 있겠다. 최근 〈독립문〉 편액을 쓴 사람을 김가진으로 추정한 논문(유선미·성인근, 〈독립문 편액 서자書者 연구〉)이 나왔다. 이 연구에서는 "순수하고 담박한 서체미"가 있는 〈독립문〉 편액을, 대체로 상하좌우 5대 5 비율이며 필압 변화가 최소한인 김가진 글씨와 비슷하다고 보고 있다.

그런데 여기서 놓친 지점을 하나 짚어 본다. 이완용과 김가진은 둘다 《천자문》을 써서 남겼다. 250구짜리 한문 장편 4언시인 《천자문》에는 '독獨'과 '립立', 그리고 '문門' 세 글자가 모두 나온다. 그 말은 곧 '獨立門' 세 글자를 집자集字해 볼 수 있다는 이야기이다. 서로 다른 자료에서 필요한 글자 한 자씩을 따다가 조합하는 집자는 예부터 현판이나 비문을 만들 때 쓰던 방법 중 하나였다. 자, 여기 그들이 《천자문》에 쓴 글자를 모아 만든 '독립문'이 각각 위와 아래에 있다. 가운데는 독립문의 '獨立門'이다.

어느 글씨가 누구 것인지는 일단 묻지 말고, 그 인상을 보자. 〈그림

〈그림 9〉
김가진의 《천자문》
(후손 소장)에서 집자한 '獨立門'.

〈그림 10〉
'독립문獨立門' 현판.

〈그림 11〉
이완용의 《천자문》
(영남대학교박물관 소장)에서
집자한 '獨立門.'

9)부터 살피면, 전체 인상은 상당히 부드럽다. 글자 형태는 정사각형에 가까운 〈독립문〉 편액에 비해 약간 납작한 직사각형이다. 획이 굵지 않아 획과 획 사이 여백이 넉넉하여, 굵은 획으로 꽉 찬 듯한 〈독립문〉 편액 글씨의 인상과는 좀 다르다.

'독獨'은 '개 견' 변(犭)의 가로획이 〈독립문〉 편액의 그것보다 상당히 떨어져 있고 길이가 짧다. 또 세로획의 각도는 독립문의 '독'과 거의 같으나, 시작점이 구부러지지 않고 뻗어 있다. 오른쪽 '촉蜀'을 보면 위의 '망罒'을 그린 각도가 다르고 왼쪽 위 모퉁이가 트여 있다. 또 마지막 '포勹' 획에 각이 잡혔다. '충虫'은 다섯 번째 획(아래 가로획)이 다소 짧게 처리되어 독립문 '독'과 비슷하긴 하지만 구성 면에서는 다소 허술해 보인다.

'립立'의 경우 가로획 두 줄의 길이 비가 거의 1대 1.1인 〈독립문〉 편액과는 달리 1대 2에 가깝다. 또 점과 세로획이 전부 떨어져 있으며, 각도도 같지 않다. 특히 세 번째 획이 특징적인데, 쿡 찍었다가 들어 올리면서 붓끝이 솟은 흔적이 획 오른쪽에 남은 〈독립문〉 편액의 '립'과 달리 여기에서는 그냥 점으로 찍어 놓았다.

'문門'을 보면 〈독립문〉 편액의 그것과 필획의 움직임이 비슷하고 특히 세로획에 굵기 변화가 적은 점이 닮았다. 그러나 앞의 글자처럼 획과 획이 조금씩 벌어져 있고 획의 굵기 비율도 다르다. 가로획, 특히 네 번째 획의 각도도 45도에 가까운 〈독립문〉 편액보다 많이 낮다.

마지막 삐침(규각)도 〈독립문〉 편액 쪽이 훨씬 길고 날카롭다. 특히 여기서는 삐침이 다소 어색한데, 애초에는 삐침 없이 마무리하려고 했다가 세로획 끝부분에 붓을 살짝 눌렀다 떼어서 삐침을 만들었다(혹은 획의 끝에서 살짝 아래로 내리며 붓대를 돌렸을 수도 있다).

그러면 〈그림 11〉은 어떨까? 구양순歐陽詢(557~641)의 〈구성궁예천명九成宮醴泉銘〉이 연상될 정도로 획에 군살이 없고 각을 훨씬 잡아 날카로운 인상이다. 획과 획 사이 여백이 위의 '독립문'보다 적어 구조미가 두드러지며, 모양은 정사각형에 가깝다.

'독獨'을 보면, '개 견' 변(犭)의 가로획은 〈독립문〉 편액의 '독'처럼 길게 뻗고 또 가까이 붙어 있다. 각도가 같게 뻗는 점도 그와 비슷하다. 그리고 세로획의 시작점이 구부러졌다. 하지만 세로획의 각도가 거의 ㄱ자에 가까울 정도로 심하게 꺾어졌다. 오른쪽 '촉蜀'도 '망罒'을 그린 각도가 다르다. '포勹' 획은 둥글게 처리된 〈독립문〉 편액은 물론이고 위의 '독'보다 더 예리하게 날이 서 있다. 자 대고 직선을 그어 가면서 쓴 듯한 느낌이랄까. '충虫'의 경우 아래 가로획이 더 길고, 그 크기가 '포勹' 획이 상대적으로 작아 보일 정도로 크다.

'립立'은 특히 세 번째 획을 삐침으로 처리한 것이 〈독립문〉 편액의 '립'과 견줄 만하다. 반면 첫 번째 획을 점으로 찍은 것이라든지, 가로획과 세로획이 대부분 떨어져 있다거나 가로획 길이의 비가 1대 1.5 이상 되는 것은 분명한 차이점이다.

   2. 독립문獨立門 편액, 과연 누구 솜씨인가

‘문門’을 보면 획의 굵기에 약간 리듬을 준 점이 특징이라 할 만하다. 시작과 끝은 굵게, 가운데는 살짝 붓을 들어 가늘게 하여 굵기 변화가 매우 적은 〈독립문〉 편액의 획과 좀 다르다. 네 번째 획의 각도가 〈독립문〉 편액의 ‘문’보다 많이 낮으며, 마지막 획 끝의 삐침은 뾰족하다. 〈독립문〉 편액의 ‘문’은 상대적으로 홀쭉한 직사각형에 가까운데 이 글씨는 정사각형이라 획과 획 사이 거리가 있어 문이 다소 열린 느낌을 주는 점이 다르다.

이 두 작품 모두 〈독립문〉 편액과 비슷한 면이 있는가 하면 명백히 달리 보이는 지점도 있다. 첫인상은 〈그림 11〉이 조금 더 〈독립문〉 편액 글씨에 가깝다. 하지만 글자 낱낱을 뜯어 보면 적잖이 다른 면모가 엿보인다. 〈그림 9〉는 조금 더 차이가 나지만 말이다. 이쯤 되면 이게 각각 누구 작품인지 알려드릴 때가 되었다.

〈그림 9〉가 김가진, 〈그림 11〉이 이완용 집자서集字書다. 김가진은 56세 되던 1901년(고종 37) 정월에 아들 김의한金毅漢(1900~1964)의 돌을 맞이해 직접 해서로 《천자문》을 썼다. 독립문 건립 후 4년 뒤이다. 이는 지금도 그 후손이 갖고 있는데, 낙장이 없어서 다행히 집자가 가능했다. 김가진의 다른 글씨에 비하면 각이 졌고 획이 천천히 전개된 편임에도 그 특유의 유연한 맛이 남아 있다. 김가진은 이 《천자문》을 쓰면서 “훗날 아비보다 낫다는 기쁨을 주기 바란다”는 소망을 말미에 적어 남겼다. 늦게 본 아들이 이를 보고 공부를 열심히 해 재

능을 꽃피우기를 기대한 것이다. 이《천자문》을 받은 김의한은 장성
한 뒤 아버지와 함께 독립운동에 뛰어들었고 훗날 대한민국임시정부
임시의정원 의원, 한국광복군 조직훈련과장, 한국독립당 중앙상무위
원 등을 역임했다.

　이완용은《천자문》을 두 번 썼다. 첫 번째는 그의 나이 19세 되던
1876년(고종 12) 외조카 김명수의 탄생을 기념하며 한글로 토까지 달
아 쓴 것인데, 실물은 전하지 않고《일당기사》에 사진이 일부 실려 있
다. 이를 보면 젊은 시절부터 이완용의 글씨는 굵기 변화가 그리 크지
않고 획의 움직임이 느렸음을 알 수 있다. '칼
검劍'의 오른쪽 획을 '독'의 '포⺈'와, '집 궐
闕'의 바깥 '문門'을 '문'과 견주어 봄 직하지
만, 이것만으로 서로 닮았는지 아닌지를 논하
기엔 어려움이 따른다. 두 번째는 1922년 경
성 암송당서점巖松堂書店에서 발간해 판매한
《천자문》이다. 〈그림 11〉의 집자서 저본底本이
바로 이것이다. 이완용은 이《천자문》에 자부
심이 매우 강했다. 스스로 "병합 이후 5년간

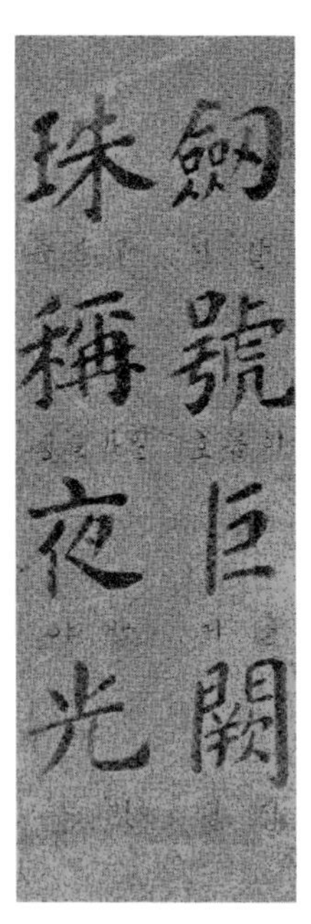

〈그림 12〉
이완용이 첫 번째로 쓴《천자문》(부분).
《일당기사》수록 사진).

098

심혈을 기울인 최후 대작"이라고 자찬할 정도였다. 하지만 당시 사람들의 평가는 달랐다. 당대인들이 이완용《천자문》을 어떻게 생각했는지는 1922년 11월 잡지《개벽》에 실린 아래 기사가 잘 보여 준다.

> 일반 세론을 돌아보지 않고 부귀만 편안히 누리는 이씨(이완용—필자 주)도 지금 백발이 성성하여 최후가 머지않은즉 자기의 특기인 필법을 후세에 남기고자 함도 또한 무의미한 일은 아니리라. 그러나 필자가 묻고자 하는 바는 그 글을 써내려 가다가 '충즉진명忠則盡命', '화인악적禍因惡積' 등의 구절을 만나서는 어떻게 쓰고 지나 갔는지? 웬수 백발에 백수문白首文이 무슨 일.
> ─《개벽》제29호, 〈천지현황天地玄黃─일당천자─堂千字〉 중에서

혹시나 싶어 이 시기 많은 사람이 읽었던 석봉石峯 한호韓濩(1543~1605)《천자문》에서도 '獨立門' 세 글자를 집자해 보았다. 이를 보면 〈독립문〉 편액과 획의 움직임은 제법 비슷하나 굵기가 가느다란 건 물론이고, 다른 차이도 여럿 확인된다. 예컨대 '독'의 개 견 변(犭) 첫 획이 둘째 획보다 훨씬 길고, 오른쪽 '촉蜀'의 획 굵기가 일정하며, '망皿' 각도가 다르고 '포勹' 획의 각도가 더욱 급하다. 또 '문'의 왼쪽 문짝을 이룬 필획도 독립문의 그것과는 달리 움직였다. 특히 셋째 획 을 〈독립문〉 편액에서는 '한 일─'로 그은 데 비해 한호는 궁체 'ㄱ'을

쓰듯이 처리하여 그 차이가 뚜렷하다. 다만 삐침은 〈독립문〉 편액과 거의 같은 각도로 길게 솟았다.

《천자문》이 작은 글씨라서 저 큼지막한 '독립문'과 직접 견줄 수 있느냐는 의견이 당연히 제기될 수 있다. 맞다. 그러니 이완용과 김가진이 쓴 다른 편액 글씨와 '독립문'을 비교해 볼 필요도 있겠다.《일당기사》와《승정원일기》를 비롯한 여러 자료에 따르면 이완용은 창덕궁 함원전含元殿, 경운궁 숙목문肅穆門, 덕안궁德安宮 등의 편액을 썼다. 이 중 숙목문에 붙은 편액이 남아 있다면 '문'을 직접 견줄 만도 할 텐데, 아쉽게도 현재 전해지진 않는다. 덕안궁은 영친왕의 어머니 귀비 엄씨

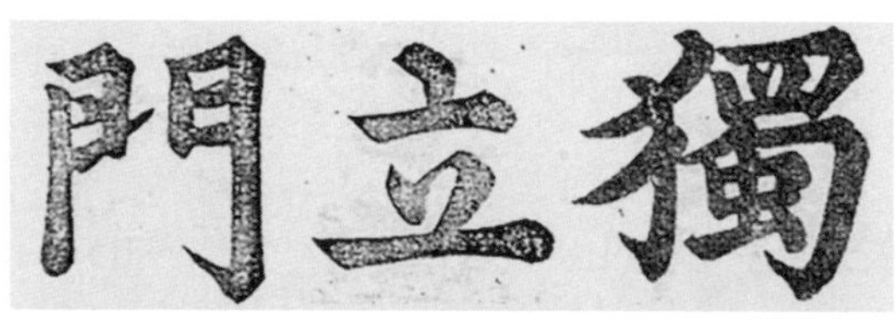

〈그림 13〉
《석봉천자문》
(국립중앙도서관 소장)에서
집자한 '獨立門'.

〈그림 14〉
이완용, 〈덕안궁〉
편액(복각).

100

(1854~1911)의 사당으로, 《일당기사》를 보면 이완용은 1911년 7월 29일 덕안궁의 편액을 쓰라는 덕수궁 이태왕李太王(고종)의 명을 받았다. 덕안궁 건물은 지금의 서울특별시의회 자리에 있다가 1929년 청와대 옆으로 옮겼는데 지금도 편액이 남아 있다. 이를 보면 해서임에도 '덕德'의 '두 인' 변(彳) 필획이 같은 각도로 뻗고 '안安' 아래 '녀女'가 넓게 퍼지는 등 나름대로 글자에 개성이 드러난다. '덕' 자는 또 속자俗字로 써서 '심心' 위에 '일一'이 빠진 점도 특징이라 하겠는데, 하지만 〈독립문〉 편액과 직접 견주기는 좀 곤란하다. 일단 전혀 다른 글자인 데다, 〈독립문〉 편액과 달리 글자와 글자 사이 여백이 넓고 글자 자체도 꽉 짜인 느낌이 덜하기 때문이다. 다만 '덕'의 두 인 변 두 번째 획이 첫 번째 획과 같은 각도로 길게 뽑히는 점은 '독'의 '개 견' 변(犭) 가로획과 견줄 수 있지 않을까.

김가진 붓글씨의 특징 중 하나는 가늘고 유연하며 망설임 없이 빠르게 움직이는 획이다. 이 때문에 많은 이들이 그가 저 굵고 정중한 '독립문'을 썼는지 의심스러워한다. 그러나 김가진이 남긴 다른 편액 글씨나 석각을 보면, 그는 얼마든지 굵게도 쓸 수 있는 사람이었다.

그러므로 굵기가 결정적 단서는 아니다. 비단 독립문만이 아니라 기본적으로 큰 문의 편액 글씨는 편액 크기에 맞게, 누가 쓰든 힘차고 굵게 쓰기 마련이다. 특히나 독립문은 당대 다른 어떤 건물보다 크고 높았던 만큼, 누가 쓰든 멀리서도 눈에 띌 수 있도록 편액 글씨에 특

〈그림 16〉
김가진, 〈공해관控海館〉 편액.
보령 충청수영의 객사 공해관에 붙인 편액으로,
김가진 편액 글씨의 대표작이라 할 만하다.

〈그림 17〉
김가진, 〈금마문〉 편액.
금마문은 창덕궁 후원에 효명세자孝明世子(1809~1830)가
독서를 위해 세웠던 의두합倚斗閤의 출입문이다.

히 더 힘을 줄 필요가 있었을 것이다.

김가진은 1902년(고종 39) 창덕궁 후원을 관리 감독하는 비원장秘苑長을 지내면서 궁중의 전각 여럿에 편액 글씨를 써 붙인 적이 있다. 그중 〈금마문金馬門〉 편액의 '문'을 보면, 오른쪽 획이 살짝 안으로 꺾어 들어간 것이나 삐침의 각도가 독립문의 그것과 제법 비슷하다. 또 획의 굵기 변화가 적은데 이 또한 독립문의 그것과 통한다. 그러나 단 한 가지, 획의 삐침 끝부분이 뭉뚝하게 마무리된다는 차이가 있다. 이는 〈공해관〉 편액이나 안동 봉정사의 〈천등산봉정사天燈山鳳停寺〉 편액·〈덕휘루德輝樓〉 편액 같은 김가진의 다른 현판이나 석각에서도 공통적으로 나타나는 현상으로, '獨立門'의 삐침이 날카롭게 쭉 뻗은 것과는 차이가 확연하다. 이건 분명 김가진 설의 약점이다.

제3의 가능성은 없을까

혹시나 일당과 동농 둘이 아닌, 제3의 인물이 〈독립문〉 편액을 썼을 가능성은 없을까? 독립문의 의미를 생각한다면 독립협회 초대 회장 안경수安駉壽(1853~1900)나 독립협회 창설의 주역 서재필徐載弼(1864~1951)이 썼다 해도 이상할 것은 없기 때문이다. 그러나 현재 전해지는 그들의 한문 글씨는 대개 흘려서 쓴 행서여서 해서체인 '獨立門'과 비교하기 마땅치 않다. 안경수의 글씨는 지나치다 싶을 정도로 획의 굵기 변화가 뚜렷하고 물 흐르듯 하여, 변화가 적은 '獨立門'과는 전혀 다르다. 서재필은 20대에 갑신정변으로 망명길에 오른 뒤 붓글씨를 쓸 기회가 많지 않았는지 작품이 매우 드문데, 몇 안 되는 작품을 보면 주로 행서체이고, 획의 굵기나 글자 크기가 각기 달라서 글씨 크기가 일정한 '獨立門'과는 별로 닮지 않았다.

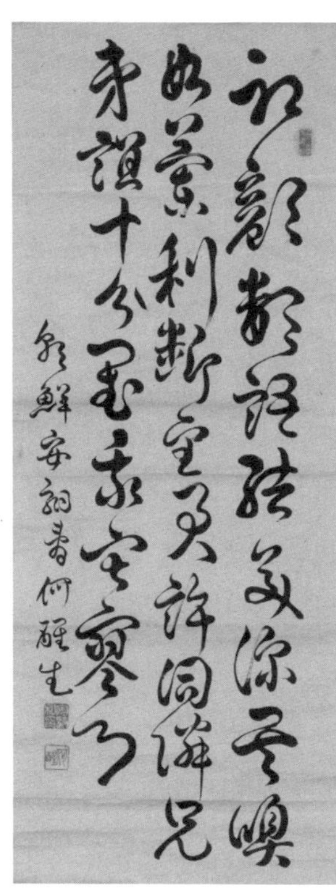

〈그림 18〉
안경수, 〈행서 칠언절구〉.
개인 소장.

한국 근대건축사 연구로 유명한 학자 김정동은 색다른 주장을 한 적이 있다. 〈독립문〉 편액 글씨는 석공이 새기기 좋게 만든 디자인, 그래픽에 가깝다는 것이다((주)연경당건축 편, 《(사적 제32호) 서울 독립문: 기록화사업 보고서》). 〈독립문〉 편액이 글자 디자인, 그래픽의 사례라면, 특히나 한글 디자인으로는 연대가 꽤나 앞서는 셈이다. 독립문을 만들기 전 나온 《독립신문》의 한글 제자도 유달리 자로 잰 듯 반듯한 느낌을 주어, '그래픽'이 적용되었을 가능성을 시사한다. 만약 이렇다면 〈독립문〉 편

104

액 글씨를 누가 썼느냐 하는 문제는 의미가 없게 된다.

매우 흥미로운 주장이긴 한데, 이 역시 문제가 없는 건 아니다. 전통 건축물에서 현판은 건물의 격과 위상을 드러내는 수단이다. 게다가 독립문 건설은 대군주大君主가 허가하고 명을 내려 이루어진 국가적 사업이었다. 그런 만큼 그 얼굴이라 할 만한 편액을 '누가 쓰느냐' 하는 문제는 독립협회 내부에서도 상당히 중요했을 텐데, 석공의 편의를 위해 이를 '그래픽체'로 갈음하겠다고 말하면 과연 거기 모인 쟁쟁한 사람들이 가만히 있었을까.

그리고 이처럼 높으신 분들이 거룩한 사업 진행에 굳이 '석공의 편의를 봐 준다'니, 130년 전 어느 누가 이런 현대적 생각을 할 수 있었을까. 〈독립문〉 편액의 글씨는 획의 바깥으로 갈수록 깊이 파 들어가는 음양각陰陽刻인데, 이는 예전부터 다른 현판이나 석각에도 흔히 쓰이던 기법이다. 당장 '독립문'과 '獨立門' 바로 옆의 그 복잡한 태극기 문양도 같은 기법으로 새겨졌다. 석공은 주문을 받고 그걸 새겼을 뿐이다.

〈그림 19〉《독립신문》 창간호(1896년 4월 7일) 제호.

다만 이 '그래픽체' 설은 한 가지 생각할 점을 남긴다. 독립협회 내부에서 편액을 쓸 이에게 "이러이러하게 써달라"고 주문했을 가능성이다. 그러면 자기 글씨의 개성을 가라앉히고 그 주문을 우선시했을 테니, 평소 자기 글씨와는 다른 결과가 나타날 수밖에 없을 것이다. 또 솜씨 좋은 각자장刻字匠이 으레 그렇듯 석공이 편액 글씨 저본에 자신의 해석을 더해 돌에 새겼을 개연성도 없지 않다. 이 경우라면 글씨체만으로 작성자를 100퍼센트 확정하기 어려워진다.

독립문을 완공할 즈음, 독립협회에서 상량문 같은 기록물을 분명 만들어 넣었을 법한데 확인된 게 없다. 1979년 성산대로 개통을 위한 고가차도 공사로 독립문을 해체 이전할 때 남동쪽 정초석 안에서 엽전 다섯 닢이 나왔다는 기록뿐, 하다못해 건립 당시에 누가 써놓은 낙서 같은 게 있었는지 여부도 이젠 알 수가 없다. 그 해체도 거의 50여 년 전 일이 되었으니 말이다. 지금까지 나타난 증거만으로는 누가 독립문 편액을 '썼다!'고 단정할 수가 없으니 안타까운 노릇이다. 아마 어디에선가 획기적인 증거가 나타나지 않는 한, 독립문 이마에 앞뒤로 붙은 한글 '독립문'과 한자 '獨立門'을 누가 썼는지는 영영 알 수 없을 듯하다.

그러나 분명한 건 있다. 독립문을 세운 1896년 당시엔 김가진과 이완용 둘 다 나라 걱정에 불타오르던 선각자였으며, 큰 나라를 섬기던 사대관계를 청산하고 새 나라를 만들어 가려는 뜻을 담은 편액 글씨를 쓸 자격이 여러모로 충분했다는 사실이다. 그들의 행보가 달라지는 것은 독립문이 완공되고 한참 뒤의 일이었다.

【 안중근 글씨와 이완용 글씨를 견주어 보면 】

"안중근은 애국, 이완용은 매국, 역사는 흐른다~~♬"

〈한국을 빛낸 100명의 위인들〉(박문영 작사)의 4절 후렴이다. 안중근은 애국, 이완용은 매국. 이 얼마나 강렬한 대비인가. 그 때문인지 현실에서도 안중근과 이완용은 자주 비교 대상이 된다. 대표적인 사례가 글씨 '값'이다.

2020년 8월 예능 〈유퀴즈 온 더 블록〉에 출연한 '역사 컬렉터' 박건호는 당시 안중근과 이완용 글씨 가격이 100배(실제로는 1,000배) 차이 난다고 이야기하며 이런 말을 남겼다. "역사의 긴 흐름에서 보자면, 안중근 의사는 승리자고, 이완용은 패배자죠." 이후 2023년 12월 한 경매에 나온 안중근 글씨 한 폭은 19억 5,000만 원에 낙찰되지만, 2024년 12월 다

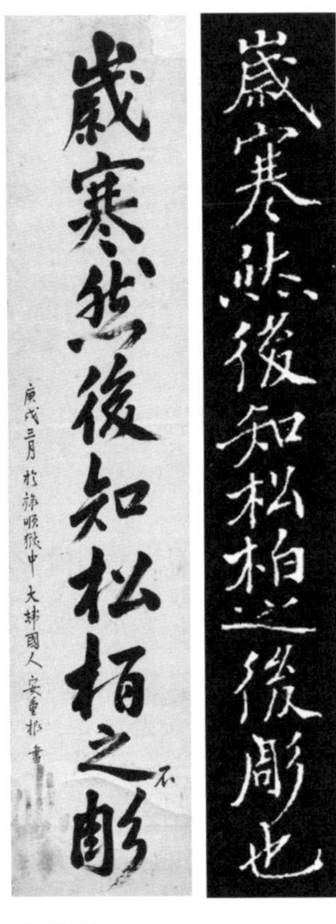

〈그림 20〉
안중근, 〈세한연후지송백지부조〉.
보물, 안중근 의사 숭모회 소장.

〈그림 21〉
이완용, 〈세한연후지송백지후조야〉.
《일당서초유집》.

른 경매에 나온 이완용 글씨
한 폭은 30만 원에 새 주인을
만난다. 수수료를 제외하고라
도 6,500배 차이가 벌어진 셈
이다. 글씨 값이 모든 걸 설명
한다고 할 수는 없다. 하지만
이 차이는 적어도 그 시절 안
중근과 이완용이 살아온 삶과
그들이 지녔던 정신의 값어치
가 지금에 와서 각각 이렇게
평가된다는 것을 숫자로 보여
준다.

만약 그 둘이 같은 문장을
썼다고 가정해 보자. 속된 말로
'계급장 떼고' 같이 비교를 하
더라도 사람들의 선택이 같을
까 하는 궁금증이 생긴다. 첫눈
에 보았을 때의 인상이야말로

〈칼럼 2 - 안중근 글씨와 이완용 글씨를 견주어 보면〉

정확하다 말하지 않는가.

이완용이 친히 베껴 쓴 시문 비망록《일당서초유집一堂書抄遺集》(국립중앙도서관 소장)을 읽다가 한 대목에서 눈길이 멈추었다. "세한연후지송백지후조야歲寒然後知松柏之後彫也",《논어》의 유명한 구절이다. "날씨가 추운 뒤에야 소나무와 측백나무가 늦게 시들음을 안다."

안중근도 뤼순 옥중에서 같은 구절을 쓴 적이 있다. 세로로 긴 종이에 거침없이 쓰다가 글자 하나를 빼먹자 옆에 조그맣게 다시 썼다. 그럼에도 글 전체의 균형이 잡혀 있다. 안중근은 자서전《안응칠역사安應七歷史》에서 자신의 필법이 졸렬하다고 했지만, 그는 나이 서른에 이렇게 쓸 줄 아는 사람이었다.

《일당서초유집》에 실린 "세한연후지송백지후조야"를 확대해서 안중근의 작품과 견주어 보았다. 같은 안진경체 기반이라 그런지 약간 흘림기가 가미된 글자의 형태가 언뜻 비슷하다. 둘 다 글자 오른쪽 어깨가 올라가 있다. 이완용 글씨는 획의 길이가 길쭉길쭉하니 섬세하고 예쁜 맛이 있고, 안중근 글씨는 획이 짤막짤막하여 일견 둔중하나 (소나무 송松에서 보듯) 쿡 찍는 듯한 힘이 있다. 이완용 쪽은 일부 획이 꽤나 길게 뻗어

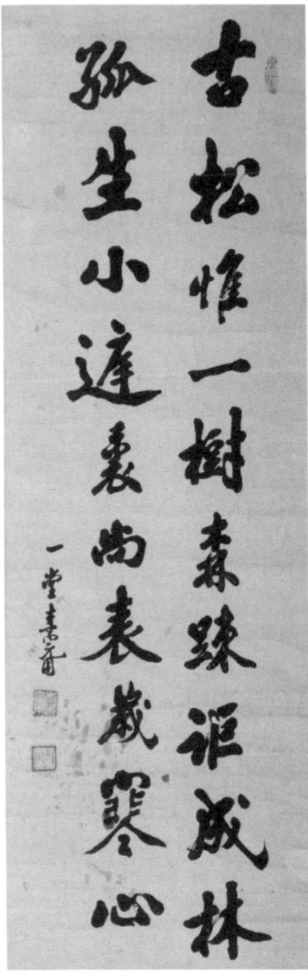

〈그림 22〉
이완용, 〈행서 오언절구〉.
개인 소장.

있고—예컨대 해 세歲자 마지막 획과 새길 조彫의 마지막 획— 글자 크기에 비해 위아래가 납작하며 글자 사이가 퍽 조밀해 보인다. 또 글자 획 끄트머리가 올라가다가도 축 처졌다. 반면 안중근의 글씨는 우직하면서도 제법 호방한 맛이 있고 글자와 글자 사이가 답답하다는 느낌이 덜하다. 글자 모양은 도톰하며, 획의 삐침은 뭉뚝하지 않고 날카로움이 살아 있다. 인상비평으로도 안중근 쪽이 이완용만 못하지 않다. 단 이는 세필로 쓴《일당서초유집》의 성격으로 인한 결과일 수 있다.

이완용이 붓글씨 작품으로 남긴 〈세한연후지송백지후조야〉를

 〈칼럼 2 – 안중근 글씨와 이완용 글씨를 견주어 보면〉

아직 본 적은 없다. 하지만 '세한' 두 글자가 들어간 다른 작품은 만나보았다. 명나라 때 고계高啟(1336~1374)라는 사람이 지은 오언 연작시 〈호씨 성 가진 은자를 찾아[尋胡隱君]〉의 두 번째 시이다.

오래 묵은 소나무 오직 한 그루   古松惟一樹

빽빽한 듯 성긴 듯 어찌 숲 이룰까   森竦詎成林

작은 뜰 안에서 외로이 살아가며   孤生小庭裏

오히려 세한의 마음 드러냈구나   尙表歲寒心

이완용의 다른 작품에 비해 글씨의 중심이 전반적으로 기울어졌고 글자 크기도 제각각이다. 획에 미세하게 떨린 흔적도 역력하다. 이는 그가 쉰두 살 되던 해에 일어난 한 사건과 관계된다.

1909년(순종 3) 겨울, 이완용은 명동성당에서 거행된 벨기에 황제 레오폴트 2세Leopold II(재위 1865~1909) 추도식에 참석했다가 집에 돌아가는 길에 군밤장수로 변장한 이재명을 만난다. 그는 긴 칼로 이완용의 어깨와 허리를 여러 차례 찌른다. 이완용은 왼쪽 허파와 오른쪽 등 아래에 큰 상처를 입는다. 오랜 외과 수술을 거친 끝에 이완용은 살아남는다. 하지만 이후 그는 숨이 쉽게 차고 기침과 가래가 나오는 천식을 달고 살았으며 끝내 폐렴으로 죽는다.

이 작품은 그날따라 유달리 기침이 많이 나오던 날 몸을 떨면서 썼던 모양인지, 한 글자를 쓰고 다시 쓰면서 글의 중심을 놓쳤다. 그렇게 쓰다 보니 계산을 잘못해서 '아이쿠, 이대로 쓰다간 종이가 모자라겠구나!' 하는 상황이 된 것이다. 그러면 별수 있나, 글자 크기를 줄였다가 다시 늘리고 중심을 새롭게 잡을 수밖에.

약간 얘기가 딴 데로 흘렀지만, 어쨌거나 여기 이완용이 붓으로 쓴 '세한歲寒' 두 글자가 있다. 이를 떼어 내 안중근의 '세한'과 나란히 놓아 보면 어떨까. 획은 확실히 굵어졌다. 그러나 '세'가 지나치게 작아져 균형이 깨졌고 중심마저 흔들렸다. '한寒'의 경우는

　〈칼럼 2-안중근 글씨와 이완용 글씨를 견주어 보면〉

고자古字를 써서 예스러워 보이게 하는 효과를 노린 듯한데, 갓머리(宀) 첫 획이 큼직하게 쿡 찍힌 반면 다른 획은 가늘어져 가분수 느낌이 난다. 이를 보완하려 했음인지 치맛자락처럼 '인人' 획을 넓게 쫙 펼쳤는데, 역시나 획의 마지막이 축 처졌다. 만년 작품이라 힘이 다소 빠졌을 것을 감안하더라도, 획을 손으로 잡고 누르면 움푹 들어갔다가도 다시 탱글거리며 튀어나올 듯 힘있는 안중근의 글자와는 다르다. 세련미는《일당서초유집》의 '세한'이 가장 낫다 할 만하나, 견실함은 안중근의 '세한'이 윗길이다. 늙은 이완용이 붓으로 쓴 '세한'은 세련됨도 견실함도 어째 부족하다.

첫인상만으로도, 둘의 서로 다른 특성이 극명하게 드러난다. 만약 둘 중 하나를 고르라고 한다면, 예쁨보다는 단단함 쪽을 택하고 싶다. 죽음이 다가오는 옥 안에서 청년 안중근은 이런 글씨를 남겼다. 혹시나 안중근이 좀 더 오래 살면서 서법에 탐닉했다면, 어쩌면 세상은 그를 독립운동가 안중근이 아닌 명필 안중근으로 기억했을지도 모를 일이다.

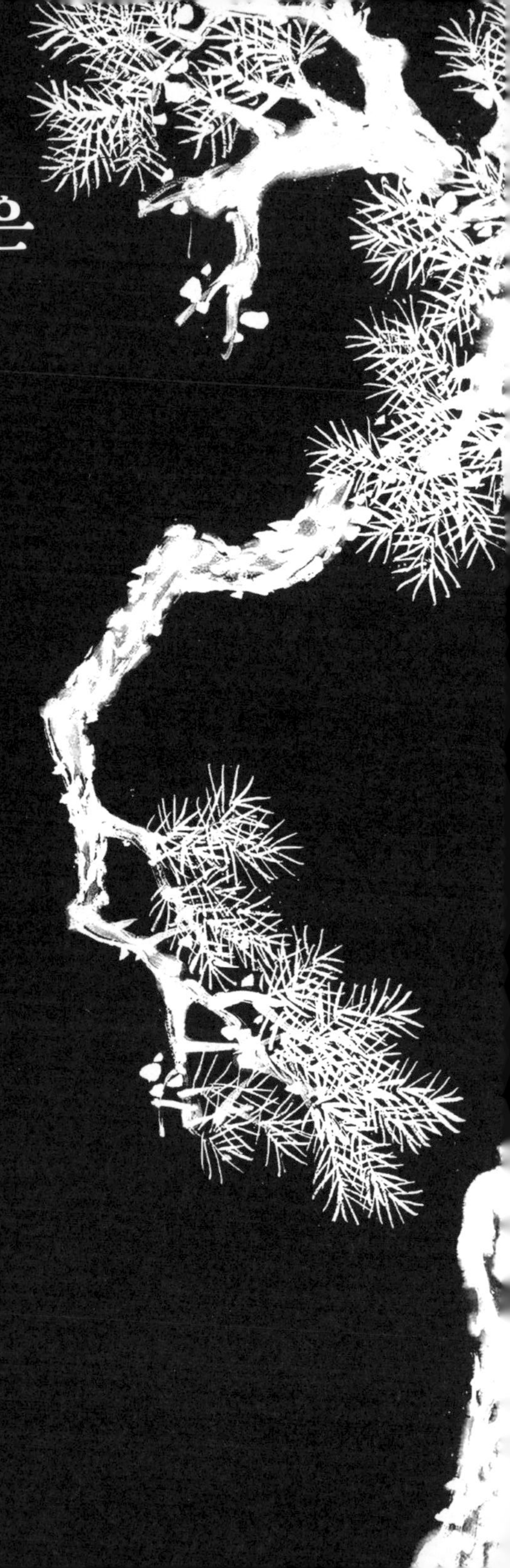

3.
서여기인書如其人은
틀리지 않았다

서여기인書如其人은

안진경 글씨를 따랐지만

앞서 이완용이 안진경체를 썼다고 했다. 그가 본받았던 안진경은 누구인가?

안진경은 이른바 성당盛唐 시대라고 하는 당 중기를 살았던 사람이다. 어려서 가난하게 자란 그는 일찍이 과거에 급제하여 여러 벼슬을 두루 거쳤지만, 재상의 미움을 사 평원 태수로 좌천된다. 그때 마침 안록산安祿山의 난이 일어난다. 황하 이북의 여러 고을이 모두 안록산에게 항복했으나 안진경은 항복하기는커녕 사촌 형 안고경顔杲卿(692~756)과 함께 의병을 일으켜 맞섰다. 이에 그는 당 숙종(재위 756~762)의 눈에 띄어 헌부상서憲部尙書 같은 요직을 역임하고 태사太師 노군개국공魯郡開國公에 봉해졌다. 하지만 전성기가 끝난 당나라는 환관과 권신의 세상이었고, 꼿꼿한 성격의 안진경은 그들과 불화했다. 결국 784년 당 덕종(재위 779~805)은 안진경을 회서淮西에서 반란을 일으킨 이희열 李希烈(?~786)을 설득하기 위한 사신으로 보냈다. 그는 거기서 3년간 유폐되었다가 끝내 살해당했다.

안진경은 이와 같은 충절로도 유명했지만, 그보다 더 이름 높은 것은 글씨 솜씨였다. 그는 글씨의 정전正典으로 군림하던 왕희지의 우아함도 아니요, 당나라 초기를 호령했던 구양순의 꼬장꼬장함도 아닌 자신만의 특징을 담은 서체를 만드는 데 성공했다. 획에 적당히 살집이 있어 유연해 보이지만 그 속에 근육이 느껴진다고 할까. 당당함이 넘치는 안진경의 글씨는 당나라 이후 동아시아 서예계에 큰 영향을

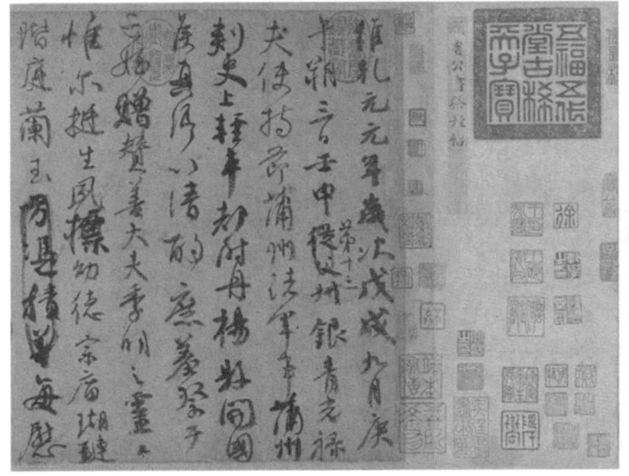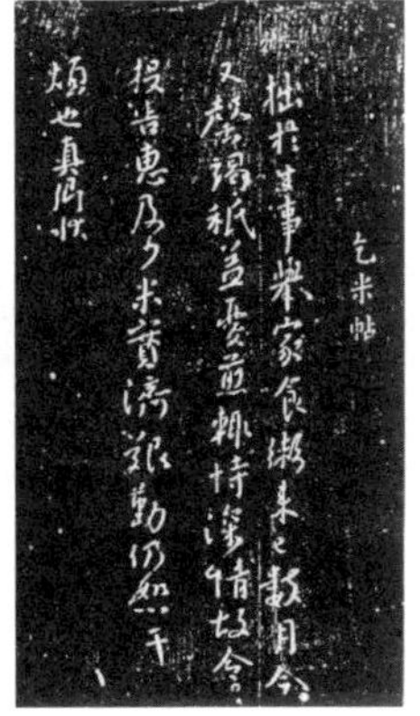

〈그림 1〉 안진경, 〈제질문고〉(부분). 타이페이 국립고궁박물원 소장.
〈그림 2〉 안진경, 〈걸미첩〉(부분). (출처: 인터넷).

끼쳤다.

그런데 막상 "당당함이 넘친다"는 평을 받는 안진경의 작품을 보면 어느 것이 그의 진면목인지 헷갈릴 때가 있다. 그가 때와 장소에 따라 글자 모양을 다르게 적용해 썼기 때문이다. 예컨대 〈제질문고祭姪文藁〉에서는 뚝뚝 끊어지는 듯하면서도 물 흐르듯 이어지는 글자의 리듬과 곳곳의 교정 흔적에 자신의 감정을 여과 없이 드러내지만, 〈걸미첩乞米帖〉에서는 기어들어 가는 듯한 필치로 가난한 자신의 처지를 조심스럽게 암시한다. 비석 같은 석각의 경우 획을 굵게 쓰는 건 당연하고, 거기에 앞서 말한 당당함을 깃들게 한다. 그런 점이 안진경의 해서 글씨가 너무 형식적이라는 비판을 듣게 하기도 하지만 말이다.

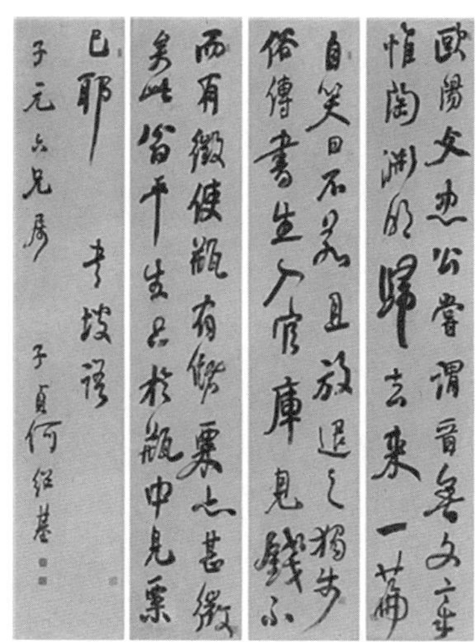

〈그림 3〉 하소기 글씨.
소장처 미상. 하소기는 1836년 진사시에 급제한 뒤 여러 관직을 거쳐 사천학정四川學政에 이르렀다. 그러나 파직된 뒤 20년 동안 유랑하며 글씨를 쓰다가 양주揚州에서 죽었다. 완원阮元(1764~1849)을 스승으로 삼았던 그의 글씨는 안진경과 한위漢魏 시대 서예의 장점을 융합했다는 평을 받는다. (출처: 인터넷).

앞서 이완용이 선배들이 추종하곤 했던 추사체를 따르지 않은 점을 지적하긴 했지만, 금석문과 한나라 예서의 영향을 받아 거친 맛과 개성이 넘쳤던 김정희 글씨도 어느 순간 식상해졌을 것이다. 그런 매너리즘을 극복하는 방법 중에는 고전으로 돌아가는 것, 그리고 다른 나라의 사례를 참고하는 것이 있다. 그러니 이완용과 같은 시대를 살았던 여러 인물, 예컨대 소호小湖 김응원金應元(1855~1921), 고균古筠 김옥균金玉均(1851~1894)이나 현현거사玄玄居士 박영효朴泳孝(1861~1939) 같은 이들이 하소기체, 나아가 안진경체에 주목한 것이다. 그러나 이완용이 그들과 구분되는 지점이 하나 있다.

당시는 정국의 부침이 매우 심한 시대였다. 선택에 따라 목숨마저 위협받던 시절, 실패한 정치인들은 일본이나 중국으로 망명을 떠나는

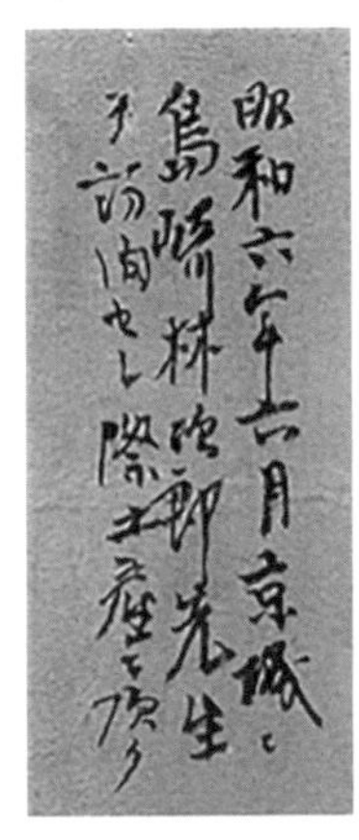

〈그림 4〉
이완용, 〈행서 시고〉(개인 소장) 뒤에 옛 소장자가 적은 내력.
"쇼와 6년(1931) 6월 경성에서 시마자키 린지로島崎林次郎 선생을
방문하였을 때 '토산(선물)'으로 받았다."

118

일이 많았다. 그들은 으레 생계를 위해 서화를 그려 팔곤 했다. 입에 풀칠하기 위해 쓰고, 도움에 보답하기 위해 쓰고, 답답해서 쓰고……. 하지만 이완용은 그런 정치적 공백기가 거의 없었다. 있다면 1898년 외직인 전라북도 관찰사로 내려가 있으면서 외국에 이권을 양여했다는 이유로 독립협회 회장에서도 제명되고, 직무태만으로 감봉 처분을 당했던 시기뿐이다. 하지만 그마저도 그리 오래가지 않았다. 때문에 그의 글씨는 자오自娛하기 위해, 또는 자랑하듯 쓰고 뿌린 것이 대부분이다. 여유 있게 글씨를 쓸 수 있던 대신 절박함이 없었다고 할까.

이완용이 글씨를 많이 쓰지 않았다는 뜻이 아니다. 1925년 8월, 《매일신보》는 이완용이 글씨를 한낱 취미로 삼아 아침 식전부터 글씨를 쓰곤 하며, 각지에서 글씨 주문이 많이 들어온다고 적고 있다. 어

〈그림 5〉
《이완용필적李完用筆蹟》(부분).
1900년(고종 36) 이완용이 전라북도 관찰사로 있으면서 글씨를 쓴
완산完山 비석의 탁본이다. 그의 다른 글씨에 비해
유달리 획이 가늘다. 국립중앙도서관 소장.

떤 일본인은 이완용의 작품 뒷면에 '토산土産(みやげ)'이라 적어 놓을 정도였다. 조선을 방문한 기념 선물로 여겨질 만큼 당시 이완용 글씨의 수요가 많았음을 짐작케 한다.

그러나 아무리 많이 쓰더라도, 자기만의 글씨를 진지하게 대하는 그 절박함이 없다면 금세 익숙함에 매몰되지 않을까. 여기서 하나 짚고 넘어가야 할 점이 있다. 이완용의 내면세계다. 이완용은 나이 10세에 집을 떠나 남의 집 양자가 되었다. 시골 선비의 둘째 아들이 하루아침에 고관 댁 도련님이 된 것이다. 하지만 어린아이가 바로 바뀐 처지에 맞게 처신하기는 어려운 일. 촌티 나는 어린 이완용을 보며 주변 친구들이 꽤 놀려 댔던 모양이다. 어떤 연회에 그를 데려갔던 양모 민씨(1820~1876)가 그 모습을 보고 돌아와서는 울음을 터트리며 이완용을 이렇게 꾸짖었다고 한다.

먼저 아무개네 집 잔치 자리에서 보니 아무개 집 아이는 벌써 자태와 품성이 모두 의젓하여 아이 티가 나지 않으니 사람들이 모두 훗날 대신이 될 자질이라고 칭찬하더라. 그런데 오늘 너를 향해서는 미천한 인물이라고 손가락질하더구나. 너도 눈과 귀가 있으니 이렇게 너를 깎아내리는 말을 들었을 터, 너는 이런 말을 듣고도 분한 마음이 일어나지 않더냐.

—김명수,《일당기사》,〈언행잡록〉 중에서

 3. 서여기인書如其人은 틀리지 않았다

이완용은 이 말을 듣고 눈물을 흘리며 다시는 그러지 않겠다고 했다 한다. 그리고 차츰 성숙해졌다는데, 어쩐지 이 일화를 보면 그가 어린 시절 겪었을 혼란과 마음의 상처가 짐작된다. 타고나지 못했다는 한계를 극복하기 위해 얼마나 피나는 노력을 해야 했을까. 그런 한편, 이 노력의 결과를 인정받고 싶은 마음이 과연 없었을까.

그가 붓글씨를 즐겨 많이 썼던 것도 이런 데서 연유를 찾을 수 있지는 않을까 조심스럽게 추정해 본다. 붓글씨는 당대 지식인이라면 누구나 쓰는 것이었지만, 그렇다고 쉬운 것도 아니다. 이완용은 기본기 수련과 독학 끝에 붓글씨로 일가를 이루었다. 이를 남들에게 '인정'받고자 그렇게 글씨를 많이 쓰고 또 많은 사람—특히 일본인들—의 요청을 거절치 않았던 게 아닐까? 그러니 자기 글씨를 진지하게 돌아보며 발전을 이루지 못하고 그저 예쁘게 보이도록 쓰는 데 치중하고 만 건 아닐까.*

* 이 내용은 미국 다트머스대학교 후드 미술관 아시아미술 담당 큐레이터 장혜윤 선생님의 가르침을 받아 떠올리게 되었다. 이 자리를 빌려 특별히 감사의 뜻을 표한다.

조선미술전람회 서부書部 심사위원

이완용은 조선총독부 주관으로 1922년 처음 개최된 조선미술전람회
의 서부書部 심사에 무려 4회나 참여한다. 앞에서 보았듯 이 시기 일
본에서는 붓글씨를 '미술'의 범주에서 공식적으로 제외했지만, 조선
에서는 이를 미술로 인정하여 포함시켰다. 바로 이 '서' 부문 심사에
이완용이 들어간 것이다. '조선 귀족 영수領袖 후작 각하'시니 일종의
명예직으로 조선총독부가 추천해 밀어넣었을 가능성도 있다. 하지만
명예직도 명예직 나름, 그 자리에 앉은 사람이 나름의 안목을 갖춘 채
충분한 권력을 휘두를 수 있다면 이야기는 달라진다. 김규진이 쓴《해
강일기海岡日記》(성균관대학교 박물관 소장)에 따르면 이완용은 1922년
4월 22일 김규진을 찾아와 '총독부 미전', 즉 조선미술전람회에 관한

〈그림 6〉 제1회 조선미술전람회 심사 광경.
위쪽 사진의 오른쪽 두 번째가 이완용이다.
《매일신보》 1922년 6월 1일 자.

이야기를 나누고 돌아갔다. 단순히 그가 전람회 심사에서 자리만 지키는 역할이 아니었음을 시사한다. 《일당기사》의 연보에서도 이완용이 조선미술전람회 심사에 참여했음을 강조하면서 심사 과정을 따로 기록하고 있다.

후侯(이완용—필자 주)께서는 제3부(서부—필자 주)의 심사위원에 참동參同하니, 이날(5월 28일—필자 주) 상품진열관에서 동회同會(조선미술전람회—필자 주)를 개최하고 학무국장의 설명을 들은 뒤 3부의 주임을 한 사람씩 정하는데 후께서 제3부 주임으로 뽑히셨다. 각자 정한 장소로 들어가니 서부에 출품한 글씨는 겨우 70여 매를 넘었는데, 각 심사위원이 상의하여 심사 결과는 일본인과 조선인이 출품한 서본書本 70여 매 중 그 정도에 따라 선택하기로 하였다. 다음 날은 사이토 마코토齋藤實(1858~1936) 총독이 심사위원들을 관저에 초대해 잔치를 베풀었고, 그다음 날 출품한 글씨를 심사하였는데, 뽑힌 사람을 다시금 심사하여 다시 그 등급을 분정分定하였으니 2등 1인, 3등 2인, 4등 7인 합계 10인이었다. …… 또 6월 14일 총독부에서 동회 심사위원들에게 사례금을 주어, 금 100원을 수령하시었다. 6월 21일 총독부 제2회의실에서 열린 동회 입상자 상장 수여식에 참여하시었다.

—김명수, 《일당기사》 연보, 1922년 5월 28일 자 기사 중에서

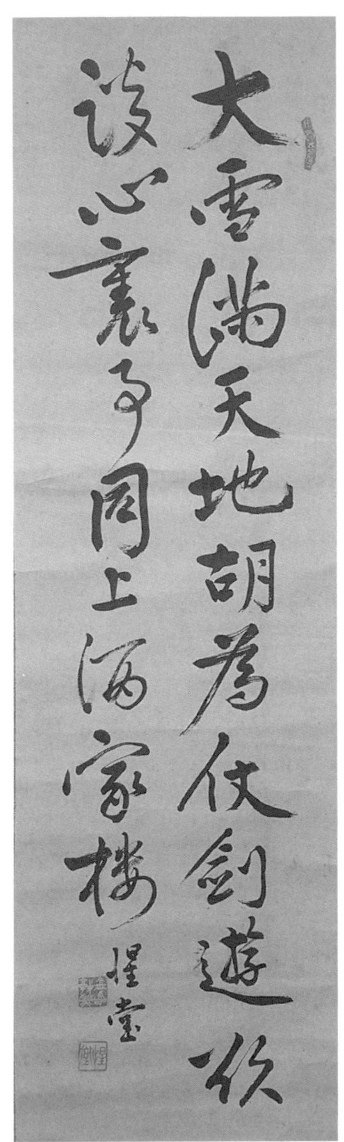

그동안 조선미술전람회 심사에 '참여'했던 조선 사람으로는 해강 김규진, 성당 김돈희 그리고 조금 뒤의 이당 김은호나 청전靑田 이상범李象範(1897~1972)이 주로 거론되었다. 물론 이완용도 언급되긴 하나 뒷이야기에 관해선 별달리 깊이 들어가진 않는다. 하지만 과연 이완용이라는 인물이 글씨 쓰는 이들의 세상에 드리웠을 그림자를 그렇게 있는 듯 없는 듯 넘겨도 될까? 앞서 김은호도 증언했듯, "당시 귀족들 중에서는 가장 붓글씨를 잘 썼고", "일본박람회 미술전에 출품"도 했던 '작가'이자 서화미술회 회장, 서

〈그림 7〉
김돈희, 〈행서 오언절구〉.
김돈희는 살짝 흘려 쓴 글씨체인 행서에 특히 능했다. 그가 주로 구사한 황정견黃庭堅(1045~1105) 스타일의 날렵한 행서는 당시 서단에 크게 유행했다. 개인 소장.

화협회 고문인 이완용의 그림자를 말이다.

이완용은 초창기 4년간 조선미술전람회 심사에 참여했다. 그동안 이른바 '선전鮮展' 서부에 응모하는 사람들이 (그를 좋아하지 않는 것과는 별개로) 입선에라도 들기 위해 어떻게든 그가 선호하는 글씨체를 연구해 작품으로 소화해 낸다든지 하지 않았겠는가. 성당 김돈희나 해강 김규진 같은 경우는 그런 이야기가 있고 실제 도록에 실린 입선자 작품 사진으로도 증명된다. 특히 김돈희는 조선미술전람회 서부가 폐지되던 1931년까지 10회 모두 심사에 참여했기 때문에 조선인뿐만 아니라 일본인 중에서도 그의 서풍書風을 추종하는 사람이 적지 않았다. 참고로 조선미술전람회 서부를 분석한 한 연구(전상모, 〈전람회를 통해 본 한국 근·현대의 서예〉)에 따르면 조선미술전람회 서부 입선작 중에는 북위北魏 스타일 글씨가 50퍼센트가량 되며, 구양순·안진경체가 각각 약 20퍼센트씩, 황정견체가 그다음을 차지한다고 한다. 이런 결과는 19세기 말~20세기 초 일본 서예계가 〈장맹룡비張猛龍碑〉나 〈고정비高貞碑〉 같은 북위 금석문을 깊이 공부했던 청나라 말기 서가 양수경楊守敬(1839~1915)의 영향을 짙게 받았던 사실과 무관하지 않아 보인다.

다른 분야는 말할 것도 없고, 상대적으로 조선 사람이 많이 참여했던 조선미술전람회 서부와 동양화부에도 조선총독부는 꼭 일본에서 손꼽히는 서화가를 심사위원으로 초빙했다. 그런 좋은 기회를 이완용이 그냥 지나치기만 했을까. 자신이 아무리 높은 귀족이더라도 일본에서 심사차 건너오는 다구치 베이호田口米舫(1861~1930), 고무로 스이운小室翠雲(1874~1945) 같은 서화가와 만나면 환영연회 석상에서 즉석 휘호도 하고 술 한잔 같이 마시지 않았겠는가. 이 기회에 일본에서 당시 유행하던 서체도 눈에 익히면서 이완용이 자기의 서세계書世界를 넓히거나 외부에 전하지 않았겠는가. 그런 일이 분명 있었을 터이다.

이왕가나 조선총독부 같은 기관에서 그랬듯 작가와 교섭해 마음에 드는 출품작 일부를 개인적으로 구매하는 경우도 있었음 직하다. 이건 이완용의 글씨 솜씨나 친일 행적과는 별개로, 조선미술전람회 심사에 참여했던 한 부유한 예술 애호가로서의 이야기이다. 이완용이 남긴 일기(이에 관해서는 4장에서 자세히 이야기하겠다)를 보면 1911년 6월 18일 이완용은 조중응趙重應(1860~1919), 박제순朴齊純(1858~1916)과 함께 본원사本願寺라는 절에 가서 일본인이 그린 미국 풍경 화첩을 열람하고 설경 그림 1폭을 샀다고 한다. 옥인동 이완용의 집 근처에는 서양화가 행인杏仁 이승만李承萬(1903~1975)이 살았는데, 이완용이 순사를 거느리고 동네를 산책하다가 우연히 이승만이 그림 그리는 모습을 보고 감탄하며 일본 유학을 주선했다는 일화도 전한다. 이완용이 서양화에도 나름 조예가 있었음을 짐작케 한다.

그 시절 조선 사람들이 하다못해 회화가 아닌 붓글씨에서도 일본의 영향을 받기만 했는가라고 여길지 모르겠다. 하지만 일본 서도사書道史를 훑어보면 당시 일본 사람들도 조선 붓글씨에 관심이 적지 않았음이

3. 서여기인書如其人은 틀리지 않았다

확인된다. 앞서 조선미술전람회 심사위원으로 여러 차례 조선에 온 다구치 베이호뿐만 아니라, 조선의 붓글씨에 감동한 나머지 관련 자료 사진을 모아 1931년 도록 《조선서도청화朝鮮書道菁華》를 펴낸 히다이 텐라이比田井天來(1872~1939) 같은 이도 있었다. 김돈희가 운영했던 글씨 학습단체 상서회尙書會에도 조선총독부에 다니던 일본인 관료들이 꽤 있었고, 김규진에게 약 8년간 글씨를 배운 뒤 일가를 이룬 오키나와 출신 자하나 운세키謝花雲石(1883~1975)의 사례도 빼놓을 수 없겠다.

그의 글씨를 본받은 사람들

말이 나온 김에 이완용의 글씨를 직접 배운 이들이 누가 있는지 한번 보자. 서화미술회 제2기생으로 화과畫科와 서과書科를 모두 졸업했던 김은호는 《서화백년》에서 다음과 같은 인물들을 거론하고 있다.

> 나와 무호無號, 정재靜齋, 이병희李丙熙 등은 한동안 효자동의 일당 집에 다니면서 붓글씨를 배웠다.

김은호는 화가였다. 그래서인지 서예 작품은 거의 없어서 화제畫題를 살필 수밖에 없는데, 이완용 간찰 글씨와 언뜻 비슷한 면모가 보이

〈그림 8〉
김은호, 〈도연명陶淵明〉.
1931년. 국립중앙박물관 소장.

〈그림 9〉
이한복, 〈전서 여천무극與天無極〉.
개인 소장.

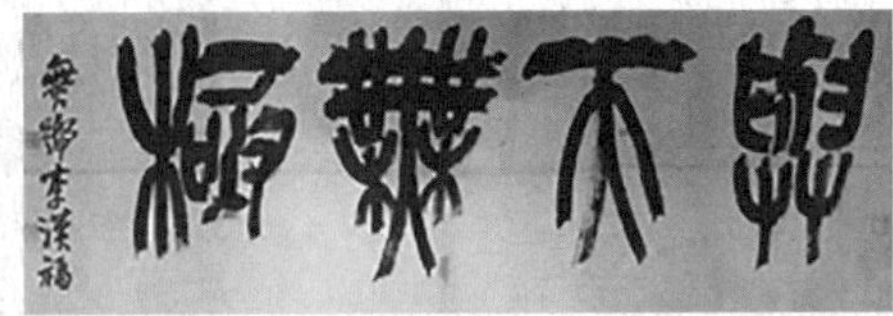

〈그림 10〉
오일영, 〈유마도遊馬圖〉.
국립민속박물관 소장.

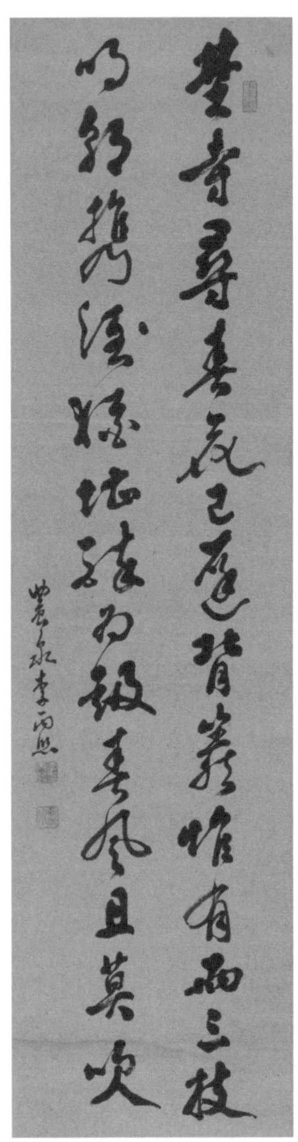

기도 한다. 나머지 셋은 누구인가? 무호는 이한복李漢福(1897~1944)이다. 그는 서화미술회 제1기생으로, 졸업 후 도쿄미술학교에 유학해 일본화를 익혔다. 도쿄미술학교 졸업 전부터 조선미술전람회와 서화협회전에 서화 작품을 출품해 수상을 거듭했던 이한복은 진명여자고등보통학교(지금의 진명여자고등학교) 미술교사로 근무하며 화단의 중진이자 고미술 수집가로 이름을 날렸다. 이한복은 붓글씨에도 뛰어난 재주를 보였다. 그는 일본에서 오창석의 제자 다구치 베이호에게 붓글씨를 익혔는데, 그 전에 기본기를 이완용에게 배웠던 것이다. 현재 전해지는 이한복의 붓글씨는 크게 두 부류로 나뉜다. 하나는 김정희 글씨체의 임모이고, 다

〈그림 11〉
이병희, 〈행서 칠언절구〉.
개인 소장.

른 하나는 오창석 느낌의 전서와 해서이다. 글씨에서 이완용 맛을 싹 빼는 데 성공한 셈이다. 그러나 이한복은 뒷날 이완용이 죽었을 때 추도시를 지어 그것이 《일당기사》에 실리기도 한다.

정재는 오일영吳一英(1890~1960)이다. 그는 오세창의 조카로 역시 서화미술회 1기생이었다. 심전心田 안중식安中植(1861~1919)과 소림小琳 조석진趙錫晋(1853~1920)의 충실한 문하생이었던 오일영은 만년까지 그들의 예술적 영향에서 크게 벗어나지 못했다는 평을 듣는다. 그도 그림은 제법 많이 전해지지만 글씨를 단독 작품으로 남긴 경우는 거의 없는데, 그림에 붙인 화제를 보면 김은호와 마찬가지로 어느 정도 이완용 행서 글씨와 비슷하게 느껴지기도 한다.

마지막으로 '이병희'라는 인물이 남았다. 김은호는 이 인물에게 '이병도李丙燾 박사 형'으로 주석을 달아 놓았다. 역사학자 두계斗溪 이병도(1896~1989)의 형이라……. 2002년에 발간된 《우봉 이씨 세보》를 뒤적이니 과연 '이병희'가 나타난다. 이병도의 부친 이봉구李鳳九(1837~1907)의 5남 3녀 중 3남(이병도는 5남)이며, 1889년 태어나 1966년 죽었다. 태릉 참봉, 이왕직 속屬과 전사보典祀補를 역임했다고 한다. 그는 호를 농천農泉이라 했는데, 당대에 붓글씨로 이름을 얻었다. 강릉 선교장 활래정活來亭의 주련柱聯이 그의 솜씨이며, 그 외에도 서울 봉은사 〈선불당選佛堂〉 편액, 사천 다솔사 적멸보궁寂滅寶宮 주련 등 전국 각지에 많은 작품이 전해진다. 그런데 이병희의 작품은, 관지款

識 부분만 가리면 이완용 작품이 아닌가 할 만큼 닮았다. 이완용 글씨를 충실히 배워 체화했다고 해야 할 정도다.

이병희가 이완용 집을 드나들며 글씨를 익혔음은 이병도도 증언한 바 있다. 1984년 이병도는 당시 고려대학교 대학원에 재학하고 있던 정홍준 鄭弘俊이라는 이와 장시간 대담했는데 말미에 이런 대화가 오간다.

정홍준: …… 그러면 선생님께서는 이완용과 전혀 왕래가 없으셨습니까?

이병도: 그래도 문중 사람이고 우리 셋째 형님(이병희)께서 글씨를 배우
러 다녀 같이 가 본 적은 있습니다. 그 외에는 일체 왕래가 없었죠.

정홍준: 선생님께서도 글씨를 배우셨는지요?

이병도: 아닙니다. 난 글씨를 잘 못써요. 형님께서는 꽤 잘 쓰셨죠.

……

정홍준: 예. 그렇군요. 그럼 혹시 이완용의 후손들과는 왕래가 있으십니까?

이병도: 전혀 없어요. 다만 내가 서울대 교수로 있을 때 그의 아들(손자가
맞다–필자 주) 이병길이가 "형님, 형님" 하고 찾아왔기에 꼴이 안 되어
점심을 몇 번 사 준 적이 있지요. 그 후 이병길은 전쟁 때 죽었어
요……. 그 후손들은 미국에 가 있다고 얘기 들었어요.

　　—진단학회 엮음, 《역사가의 유향遺香》, 〈실증사학과 민족사관〉 중에서

여담으로 이완용의 손자 이병길李丙吉(1905~1950)이 해방 이후 서울대

　　　　　3. 서여기인書如其人은 틀리지 않았다

학교에 근무하던 이병도를 찾아왔던 건 역사학자 강진철姜晉哲
(1917~1991)의 회고에서도 확인된다. 강진철은 "몸매가 남루한 중년
남자"인 '후작' 이병길이 "이곳저곳을 찾아다니며 용돈이나 구걸해야
하는 낙백落魄한 신세로 전락해 있었다"고 기억했다. 그로부터 40여
년 뒤인 1992년, 캐나다로 이민 간 이병길의 아들이 증조부 이완용의
부동산을 찾겠다고 소송을 벌이고 심지어 승소할 줄 그 누군들 짐작
이나 했을까.

다시 돌아가서, 김은호와 이한복, 오일영, 이병희 말고 이완용에게
글씨를 배운 이는 더 없을까.《일당기사》연보를 보면 1918년 8월 9일
채홍욱蔡鴻郁이라는 이가 나이 19세에 처음 이완용에게 서법을 배우
고자 하니 이완용이 마음을 다해 가르쳐 주었다고 한다.

이상 이완용에게 직접 배운 이들의 작품을 간단히 살펴보았는데,
이병희처럼 그의 글씨체를 충실히 따른 경우가 있는가 하면 이한복같
이 새로운 경지로 나아간 사례도 확인된다.

작품으로 쓸 문구를 미리 써 두다

옛날 분들은 사서오경이나《고문진보古文眞寶》같은 건 다 줄줄 외우
고 쓸 수 있었다고 생각하는 사람이 꽤 있다. 물론 그런 분도 있었을

것이다. 하지만 그때나 지금이나 그 정도 천재는 드물다. 그리고 외워 쓰는 건 한 가지 맹점이 있다. 잘못해서 엉뚱한 글자로 바꿔 기억할 위험이 있는 것이다. 오죽하면 뛰어난 기억보다 둔한 메모가 더 낫다고 했을까. 그러니 가장 안전한 건 책 같은 데 실린 원문이나 예전에 베꼈던 글을 보고 쓰는 것이다.

글씨, 특히 시고詩稿 쓸 일이 많았던 일당 대감 이완용은 어떻게 했을까? 의문은 생각보다 쉽게 풀린다. 국립중앙도서관에 있는《일당서초유집》이 그 해답이다. 《일당서초유집》은 이완용이 직접 필사해 만든 책으로, 표지 안에 다음 글이 적혀 있는 걸 보아 1912년 3월쯤 완성한 것으로 여겨진다.

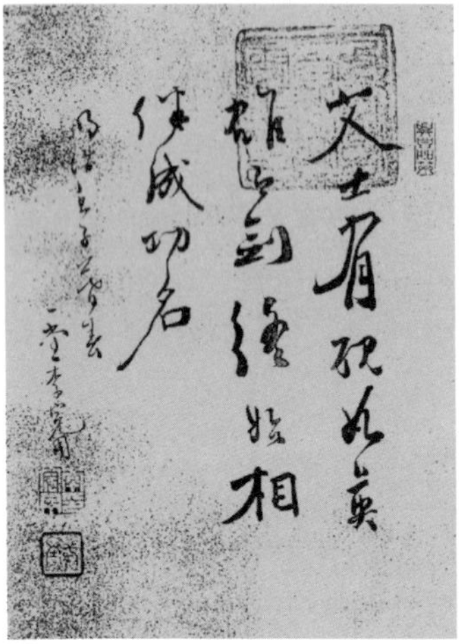

〈그림 12〉
《일당서초유집》 속표지의
이완용 글씨.

문사에게 벼루 있음은 영웅의 칼
같으니, 처음부터 끝까지
서로 짝되어 공명을 이룬다네
—메이지 임자년(1912) 늦봄,
　　일당 이완용

이 책에는 이완용이 존경해 마지 않았다는 이토 히로부미伊藤博文(1841~1909)의 시 수십 수를 필두

　　　　　　　　3. 서여기인書如其人은 틀리지 않았다

로《논어》나《공자가어孔子家語》 같은 중국 고전에서 발췌한 문장, 두
보杜甫(712~770)나 원호문元好問(1190~1257)의 시 같은 중국 시인의
시, 우리나라 문인의 시문 등이 잡다하게 필사되어 있다. 불교 승려의
글도 제법 눈에 띈다. 서산대사 휴정休靜(1520~1604)의 시도 있고 앞
서 본 하쿠인의 시도 여러 수 실려 있다. 심지어 이순신李舜臣(1545~
1598)의 저 유명한 "바다에 가을 빛 저물음에
[水國秋光暮]……"도 있다.

《일당서초유집》에 있는 시구 중 실제 이완
용이 작품으로 쓴 실물 또한 적지 않게 확인
된다. 이로 미루어 짐작건대 이 책은 그가 글
씨로 적을 만한 시구를 뽑아 베껴 놓은 선집
으로 여겨진다. 필사는 생각보다 품이 많이
드는 작업이기 때문에, 보통 이런 필사를 할
때는 여러 사람에게 맡긴다. 그래서 필치가
장별로 달라지는 일도 흔하다. 그러나 《일당
서초유집》의 필치는 고른 편이다. 이완용이

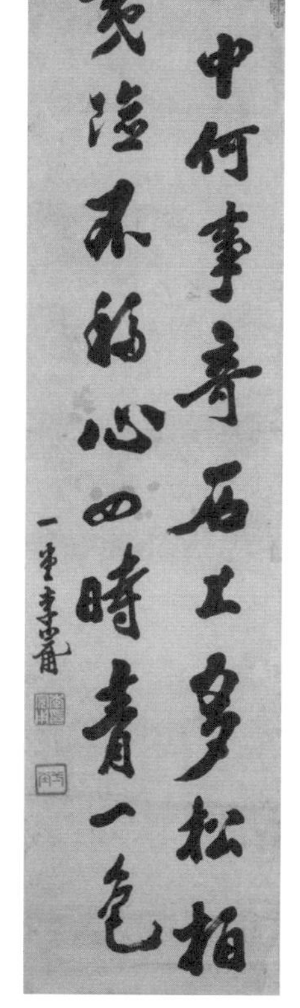

〈그림 13〉 이완용, 〈행서 오언절구〉.
"산중에 무엇이 기특한고, 돌 위에 솔과 잣 무성해라,
험해도 마음을 옮기지 않으니, 사철 푸르러 한 빛이로다"-서산대사.
이 시 또한 《일당서초유집》에 있다. 개인 소장.

135

처음부터 끝까지 베낀 것이다. 아마 한 번에 다 쓰진 않았을 테고 틈틈이 책을 읽다 좋은 시구를 만나면 급히 세필을 들어 적어 내려가지나 않았을까 싶다. 그리고 누가 휘호를 요청하면 이걸 펼쳐서 문구 하나를 골랐으리라.

그렇다면 그는 남의 시만 붓글씨로 썼을까? 당연히 자작시도 있다.

이완용은 과거에 급제한 유학 지식인이었다. 그런 만큼 한시 창작에도 조예가 있었다. 《일당기사》에도 이완용이 지은 한시가 적잖이 실려 있다. 게다가 그는 1912년 1월 조선총독부 일본인 관료와 고위군인, 중추원의 조선인 임원들이 모여 만든 친목단체 이문회以文會의 창립 발기인이자 2대 회장이었다. 이문회는 학술 활동과 시문 창작을 목적으로 한다고 했으나, 실제로는 시문 특히 한시 창작에 집중하는 한편 식민통치를 보완하는 담론도 생산하는 조선총독부 산

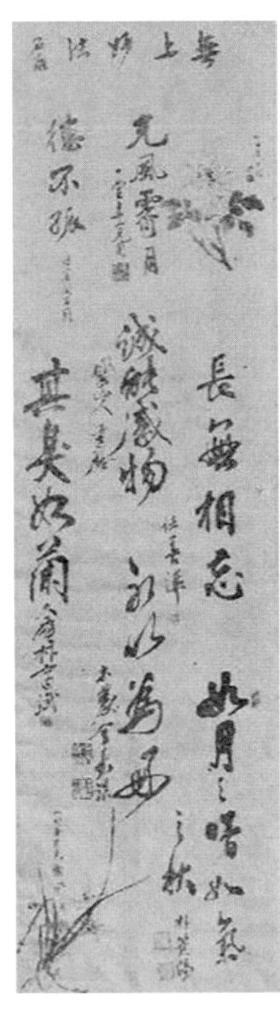

〈그림 14〉 이완용 등 10인, 〈회우會友 합작도〉.
《이문회지》병진丙辰 제2집(서울대학교 중앙도서관 소장) 수록 사진. 가운데 위 글씨 '광풍제월光風霽月'이 이완용의 것이다.

하 관변 사교 집단이었다. 서울대학교 규장각한국학연구원이 소장하고 있는 〈이문회 조례〉를 보면 회원이 한시를 투고하도록 한 주소가 '경성부 소격동 조선총독부 참사관실參事官室 분실'로 나온다. 참사관실은 조선의 옛 관습을 조사하기 위해 규장각 도서를 비롯한 조선 고서와 각지의 금석문을 수집, 정리하는 구관제도舊慣制度 조사사업을 주관했던 부서로, 사업의 궁극적인 목적은 일제의 '용이한' 조선 통치였다. 한때 회원이 100여 명에 이를 정도로 규모가 컸던 이문회에서는 비정기적으로 동인지《이문회지以文會誌》를 발간했는데, 거의 매회 이완용의 시가 수록되어 있다. 그중 1917년《이문회지》정사丁巳 제2집에 수록된 것을 보면 다음과 같다.

법도 있는 가문이요 또 예림藝林서 노닐더니

글을 짓고 술을 마시며 풍류 즐긴 예순 해라

인간 세상이 그대가 바야흐로 장수함 알았으니

진짜 신선을 어찌하여 부구浮邱라고만 얘기하랴

－이완용, 〈아무개의 61세 생일을 축하하며〉

전설 속의 신선 '부구'를 끌어와 누군가의 환갑을 축하하는 시인데, 공교롭게도 1917년은 1858년생 이완용이 환갑을 맞기 한 해 전이다. 한편,《이문회지》는 우리에게 흥미로운 자료를 제공하기도 한

다. 이완용이 난독으로 쓴 글씨 또는 다른 이들과 합작한 석상휘호席
上揮毫의 사진을 권두에 여럿 싣고 있기 때문이다. 이는 이완용을 포함
해 이문회를 매개로 만나는 1910년대 초 조선과 일본 지식인들이 시
문과 함께 서화를 즐겼음을 보여 주는 증거다. 게다가 석상휘호의 형
식이 한 폭에 하나씩 그리는 전통적 합작이 아니라 한 폭에 여럿이 함
께 그리고 각자 낙관하는, 18~19세기 일본에서 흔히 이루어지던 서
화회의 즉석 합작도[席畵]와 같다는 점이 주목된다. 서화가를 한자리
에 불러 모아 창작을 하게끔 하고 그 과정을 외부에 공개했던 서화회
는, 20세기 초 일본에선 쇠퇴의 길을 걸었지만 정작 조선에서 꽃을 피
운다(상세한 정황은 4장에서 얘기하겠다). 어쨌건 이러한 즉석 합작도의
성격과 형식이 이문회에 참여했던 김규진, 안중식 같은 서화가에게
영향을 주었음은 묻지 않아도 알 만하다. 그들의 제자 세대에 이르러
서는 이러한 합작도가 자연스럽게 생산되며, 구획을 나누어 글과 그
림을 배치하는 등 일본과는 다른 요소가 등장하기도 한다.

신문에 실린 이완용 휘호

지금은 윤전기에서 갓 나와 따끈따끈한 신문지 뭉치를 바로 포장해
수출용 컨테이너에 싣는 시대가 되었다. 그만큼 신문의 위상은 떨어

   3. 서여기인書如其人은 틀리지 않았다

지고 있는 중이다. 하지만 100여 년 전만 하더라도 조선 땅에서 신문은 대단히 권위 있는 매체였다. 대중은 신문을 통해 세상 돌아가는 형편을 살피고 교양을 쌓을 수 있었다. 그때 그 시절 신문사에서는 새해나 기념할 만한 날에 명사의 서화를 받아 신문 지상에 싣곤 했다. 이는 '서화'가 신문을 읽을 수 있던 대중에게 충분히 어필하는 소재였음을 보여 주는 대목이다. 여기에 이완용의 글씨도 제법 보인다.

당연하다면 당연하게도, 이완용 글씨 사진은 총독부 기관지《매일신보》나 일본어 신문《부산일보》같은 데만 실렸고,《동아일보》나《조선일보》같은 이른바 '민족언론'에서는 확인되지 않는다. 그중 세 가지를 좀 더 자세히 살피고자 한다. 차례대로《매일신보》1916년 10월 3일 자,《부산일보》1918년 9월 30일 자,《매일신보》1926년 1월 1일 자에 실린 이완용의 글씨다.

1916년 휘호는 매일신보사 사옥을 새로 짓고 낙성식을 했던 무렵에 썼다.《매일신보》는 이때 사옥 '재축 낙성'을 축하하며 여러 곳에서 광고도 받고 휘호도 받았는데, 3면에 이완용의 휘호가 실렸다. '완完'의 마지막 획과 '용用'의 어깨를 살짝 붙인 것이 틀림없는 그의 솜씨다. 자작 칠언절구 한 수를 적었는데, 마지막 구절이 인상적이다. "목탁의 새 소리 구주九州에 가득하도다[木鐸新聲滿九州]." 언론을 목탁에 비유하는 건 흔한 표현이다. 옛《대한매일신보》였다면 어울린다고 할 수도 있었겠지만, 조선총독부 기관지나 다름없게 변해 버린《매일신보》에 붙이기엔 다소 과분하지 않은지. 하긴 조선 귀족 이완용으로서는 그런《매일신보》가 이제야말로 진정 '목탁의 새로운 소리를 구주에 가득 퍼뜨리는' 역할을 할 것이라 기대했는지도 모르겠다.

《부산일보》에 써 준 글씨는 "햇빛이 사십만 육천 리를 비춘다[日光照四十萬六千里]"는 희한한 내용이다. 어디에 나오는 문구인가 했더니《상서尚書》다.《상서》〈고령요考靈曜〉에 "햇빛이 40만 6천 리를 비치는데, 해는 여러 별 너머 1만여 리 밖에서 나온다"라는 구절이 나오는데 이를 인용했다. 이 또한 먹을 잔뜩 묻혀 뭉텅뭉텅 써 내려간 전형적인 이완용체이다.《일당서초유집》에서도 이 구절이 확인된다.

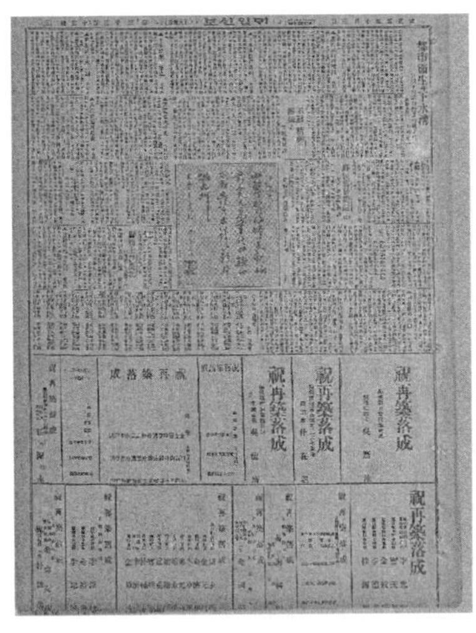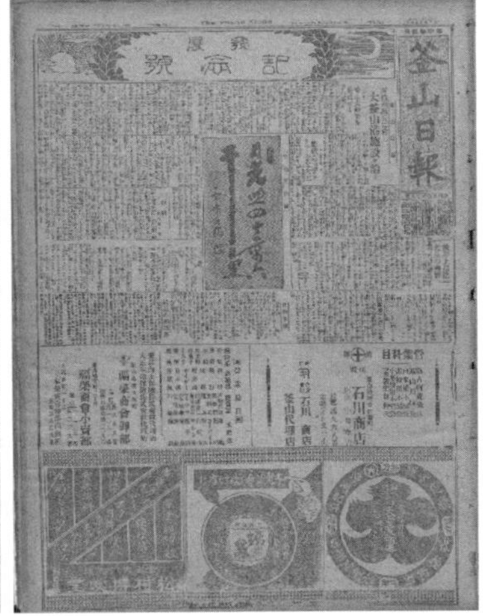

그가 죽던 1926년 원단元旦에 써서 《매일신보》에 실은 휘호는 "한 손으로 홀연히 천하의 봄을 연다[隻手忽開天下春]"인데, 이토 히로부미가 지은 시구이다. 이완용이 《일당서초유집》에 이토의 시를 여러 편 베껴 두었던 이유를 이런 데서도 알 수 있다. 만년 작품이어서 그런지 아니면 그날따라 컨디션이 괜찮았는지, 앞서 나온 휘호보다 글씨가 무르익었다. 《매일신보》는 이완용 글씨 사진을 전면 가운데에서 약간 비낀 위치에 배치했다. 그러면 가운데에는? 역시나 조선총독 사이토 마코토의 휘호가 떡하니 자리하고 있다.

여기서 궁금한 것 하나. 과연 그가 공짜로 써 주었을까 아니면 돈을 받았을까. 김규진이 청나라에서 행해지던 윤단潤單(작품 가격표) 제

〈그림 15〉《매일신보》 1916년 10월 3일 자.
〈그림 16〉《부산일보》 1918년 9월 30일 자.
〈그림 17〉《매일신보》 1926년 1월 1일 자.

도를 배워 와 자기 작품에 적용하니 다들 낯설어하고 "해강 같은 작가
는 처음 본다"고 수군거렸다는 이야기에서 알 수 있듯, 당시엔 서화가
들이 술 한잔이나 밥 한술에, 심지어는 대가를 일체 받지 않고 자기
작품을 그냥 주는 일이 흔했다. 하지만 이완용이 누구인가. 강제병합
조약에 서명하고서도 대한제국 총리대신 퇴직금 1,458원 33전과 합
병 처리 잔무 수당 60원을 받아 챙기고, 1925년 조선인 부자 순위 2위
에 이르는 부호였음에도 자기 재산 계산이 잘못되었다고 교육비 납세
를 거부했던 '현금왕'이었다. 그런 인물이 과연 휘호 값을 요구하지
않고 '재능기부'로 만족했을까. 돈을 받았다면 그때 이완용의 글씨
가격은 얼마 정도였을까.

　단서를 얻어 보려고 옛날 신문을 뒤적이다가 재미있는 기사를 하
나 발견했다. 1920년 2월 8일 《매일신보》 기사로, 제목이 〈본사 위문

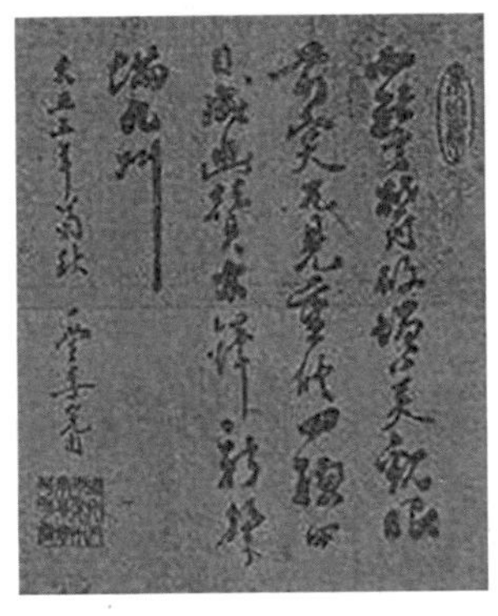

〈그림 18〉
《매일신보》 1916년 10월 3일 자 게재
이완용 글씨.

142

대慰問袋 모집에 열성잇는 이완용 백〉이다.

…… 이완용 백伯은 가로되 "귀사에서 모집하
는 위문대는 참으로 잘 생각하시었다고 생각
하오. 그 모집에 대하여 응모하는 자도 아마
매우 많을 줄로 믿는 바이오. 진실로 국경에서
수비대 임명을 받아 가지고 지내는 군대와 또
는 경관들로 말하면 그 고생하는 품은 이로 말
할 수 없는 모양입니다. …… 그래서 나도 귀
사에서 위문대를 모집한다는 말을 듣고 아무
쪼록 다수한 위문대를 보내고자 하여 가족과
친한 사람에게도 부탁하여 여러 가지로 만드
는 중이오. 그리고 그것만으로는 족하지 못한
듯하여 일로전역日露戰役(러일전쟁) 때에 고 이
토 히로부미 공이 고 오야마大山 원수에게 보
냈던 "모름지기 적 깨뜨리고 돌아올 날 기약
해[須期破敵歸來日]/ 온갖 공 이루어 임금님 근

〈그림 19〉《부산일보》 1918년 9월 30일 자 게재 이완용 글씨.
〈그림 20〉《매일신보》 1926년 1월 1일 자 게재 이완용 글씨.

심 없앴네[百戰功就除宸憂]/ 동양의 평화 이로부터 시작하나니[東洋平
和從此始]/ 성대한 이름 청사에 적혀 천추에 빛나리[盛名靑史照千秋]",
이 시를 내 손으로 비단에 써서 낙관까지 하여 위문대 한 개에 한
장씩 집어넣어서 눈과 얼음을 무릅쓰고 고생하는 동포들에게 보내
려 하오" 하면서 노래老來의 약한 몸을 쉬일 사이 없이 붓과 먹으로
써 비단을 적시고 있는데 이 같은 뜨거운 마음으로 위문을 하게 되

〈그림 21〉《매일신보》 1920년 2월 8일 자 기사.
아랫단이 이완용의 '위문대' 제작 기사다. 그 윗단에는 사이토 마코토 총독에게
폭탄을 던졌던 강우규姜宇奎(1859~1920) 의사가 종로 구치감에서 아들을
면회했다는 기사가 있어 참으로 대비된다.

면 이것을 받아서 손에 드는 그네들은 한없이 기뻐할 것이더라.

'위문대', 곧 위문주머니란 전방에서 복무하는 군인을 위로하기 위해 민간인들이 생활에 필요한 여러 물건과 편지를 담아 보내는 주머니다. 원래 19세기 말 미국−스페인 전쟁 때 미국 부인들이 만들어 전선에 보낸 데서 시작되었다는데, 이 땅에서는 애국부인회라는 일본 단체가 러일전쟁 때 일본 군대에 보냈던 게 시초라고 한다. 1908년 의병 토벌을 위해 대한제국에 건너온 일본군을 위문하고자 대대적으로 위문대를 모집했고, 이어 국경수비대나 출병하는 군인에게 보내는 게 정례화되었다. 그런데 이완용이 거기에 '꽂혀서' 위문대 제작은 물론이고 직접 글씨까지 적어서 넣어 보내 준다는 것이다. 기사 옆에는 그 휘호 사진이 실려 있다. 설마 이런 걸 값을 받진 않았겠지.

하지만 의외로, 정작 그 시절 신문에서 이완용 글씨가 얼마에 거래되었는지 구체적인 내역은 확인하기 어렵다. 일제강점기 고미술품 경매 도록을 찾아보면 경매에 출품된 이완용 작품이 총 12건 확인되는데, 이완용이 찬문贊文을 달거나 합작한 것을 제외하면 단독 작품은 9건이다. 수천 건에 달하는 당시 경매들의 출품작 수에 비하면 생각보다 적은 양이다. 게다가 그 모두가 목록으로만 확인되고, 도판이 실린 것은 하나도 없다. 이완용 글씨보다 더 잘 팔리는 작품이 상대적으로 많아서 우선순위에서 밀렸다는 뜻인데, 이런 현상을 어떻게 해석해야 할까? 이완용 글씨가 실제 매물로서는 그다지 인기가 없었다는 뜻일지, 알음알음 뒤에서만 거래되었다는 의미일지 선뜻 판단이 잘 서지 않는다. 이에 대해서는 앞으로 보다 깊은 연구가 필요하겠다.*

* 이 내용은 전 주미대한제국공사관 관장 김상엽 선생님의 가르침을 받아 떠올리게 되었다. 이 자리를 빌려 특별히 감사의 뜻을 표한다.

　　　　　　　3. 서여기인書如其人은 틀리지 않았다

【그 글씨와 그림 얼마면 됩니까】

의사이자 조선백자 수집가로 이름 높았던 수정水晶 박병래朴秉來(1903~1974)는 당대 서화계를 주름잡던 이들과도 친교가 두터웠다. 그의 회고담에 당시 서화가의 작품 인심을 엿볼 수 있는 대목이 보인다. 그가 새 집을 지었을 때의 이야기이다.

우리 집을 새로 짓고 도배를 할 때에 나는 위창 선생의 것을 다락문의 정면에 4장쯤 붙일 생각으로 있었다. 그리고 옆에 안종원 씨의 것, 그 옆에 또 누구누구 하는 식으로 마음속으로 정해 놓고 모두 글씨도 박아 놓았다. 원래 가깝게 지내던 사이였으므로 따로 사례도 없었으며 드려도 받지도 않던 때의 일이다.

그런데 도배를 할 무렵에 S형이 자기의 글씨를 준비해 가지고

가운데 붙여 버렸다. 물론 그분
의 글씨도 좋고 당시에도 이미
이름이 있었지만 연배로 보아 위
창 선생과는 다르기 때문에 나는
옆에 붙이려고 하였다. 그러나
본인이 자진해서 그러는 데는 말
릴 도리가 없었다.

지금 생각하면 우스운 이야기다.
한 장에 얼마라는 시세에 따라 써
주는, 요즈음 세상에서는 생각도
못 할 일이다.

－박병래, 《도자여적陶磁餘滴》, 〈군
  자다운 화풍〉 중에서

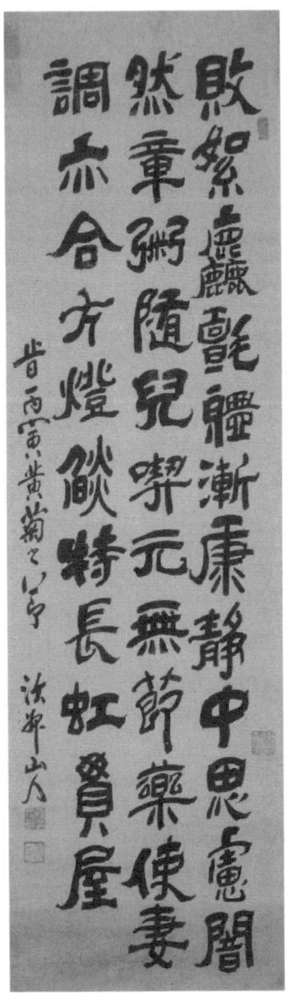

〈그림 22〉
손재형, 〈예서 명구〉. 1926년.
국립중앙박물관 소장.

S형은 소전素荃 손재형孫在馨(1903
~1981)이다. 오세창, 안종원, 손재
형이라면 근대 서가 중에서도 손
에 꼽는 인물들인데, 이런 사람들

〈칼럼 3－그 글씨와 그림 얼마면 됩니까〉

이 정으로 작품을 거저 주는 것은 물론이고 아예 직접 가져와서 붙여 주었다니 정말이지 전설 속 한 장면처럼 느껴진다.

그러나 이들이 살던 근대는 작품을 돈 받고 파는 일이 서서히 정착되던 시기이기도 했다. 뒤에서 자세히 얘기하겠지만 즉석에서 글씨 쓰고 그림 그리는 휘호회揮毫會나 작품을 진열해 보여 주는 전람회, 경합을 붙여 최고가에 작품을 파는 경매가 성행했고, 거기서 많은 서화가 거래되곤 했다.

골동품으로 여겨지던 옛날 서화는 일단 제쳐 두고, 일제강점기 당시 생존 작가의 감상용 작품은 대체로 얼마에 거래되었을까? 물론 이는 작가의 이름값이나 작품 크기, 성격에 따라 크게 차이가 날 테지만, 일제강점기 전람회 소식을 다룬 신문 기사, 일기 같은 사료에서 단편적으로 확인할 수 있다. 몇몇 사례를 살펴보면 다음과 같다.

소화小畵 선지宣紙 반절 금 6원, 중화中畵 선지 반절 금 8원, 견본絹本 척삼尺三(1척 3촌(40센티미터)–필자 주) 15원, 견본 척오尺五(1척 5촌(45센티미터)–필자 주) 20원.

—《매일신보》1928년 12월 4일 자 기사 중에서

…… 남화南畫의 대가로 조선 화단에 이름을 떨친 소정小亭 변관식卞寬植(1899~1976) 씨는 …… 12일(일요일) 본사(매일신보사-필자 주) 내청각來靑閣에서 개인 서화전람회를 개최한다는데 회비는 6원으로, 누구든지 새로 들어오는 이에게는 씨의 발묵탈태潑墨脫胎하는 득의의 산수화 한 폭씩을 들일 터이라 하며 ……

－《매일신보》 1925년 2월 16일 자 기사 중에서

시내 동승동 서화협회 주최로 재경 제 명가 백폭百幅서화전람회를 어제 20일 오전 10시부터 남대문통 식도

〈그림 23〉
변관식, 〈연계폭포煙溪瀑布〉.
1931년. 개인 소장.

　　　　〈칼럼 3-그 글씨와 그림 얼마면 됩니까〉

원식도원圓食道園 위층에서 개최하였었는데, 회장에는 여러 명가의 동양화를 비롯하여 사군자, 서 등 103폭을 진열하여 그것은 한 폭에 평균 5원씩 저렴한 정가로 하여 ……
—《매일신보》1927년 11월 21일 자 기사 중에서

첫 번째 사료는 일제강점기 인기 작가였던 해강 김규진이 집필 50년을 기념해 휘호를 반포하는 모임을 조직하고 제시한 가입 규정으로, 크기와 재질에 따라 액수를 각기 다르게 매기고 있다. '반절'은 전지를 반 자른 크기로 보통 136×35센티미터 크기인데, '소화'와 '중화'로 나눈 걸 보아 이때는 '반절'도 꼭 일정한 크기가 아니었던 모양이다. 아니면 반절 종이에 무언가를 크게 그리거나 작게 그리거나 해서 구별했을 수도 있겠다. 종이에 친 서화가 비단에 친 것보다 저렴했음도 알 수 있다. 이보다 몇 년 앞서 1921~1923년 기록된《해강일기》에서는 김규진이 현판 글씨는 장당 10~50원, 병풍은 4매에 100원을 받았고 특히 미술전람회 출품작은 값을 조금 더 올려 받았던 정황이 엿보인다. 1927년 6월《경성일보》에 실린 또 다른 기사를 보면 김규진은 종이로 표구한 소화전小畫箋 반절짜리는 무엇을 쓰거나 그리건 7원 50전을 받았다.

두 번째는 소림 조석진의 외손으로 당시 촉망받는 신진 화가였던 소정 변관식의 화회畵會 소식을 알리는 신문기사다. 이때 그의 나이 스물일곱 살이었는데, 매일신보사가 총독부 관료들의 후원으로 이 젊은 예술가의 그림 솜씨를 펼쳐 보이는 장을 마련한다는 내용이다. 거기 참여해 산수화 한 폭을 얻기 위해서는 6원을 내야 했다. 세 번째는 서화협회가 경성에 사는 회원 작품 100여 폭을 진열하는 동시에 "저렴한 정가" 평균 5원씩으로 판다는 내용의 신문기사다. 앞서 작품 가격을 6~100원까지 받았던 것에 견주면 낮긴 한데, 과연 일반인에게도 '저렴'하다고 할 수 있는 정도였을까.

일제강점기 조선의 화폐단위는 조선은행에서 발행하는 '원圓'과 그 100분의 1인 '전錢'이었다. 이는 일제의 일본은행권 '엔円' 및 '센錢'과 1대 1로 대응되었다. 조선은행이 실질적으로 일본은행 지점 성격이었기 때문이다. 다시 말해 조선은행권 또한 일본은행권처럼 일제 정부가 보증하는 화폐였다. 일본은 1897년 화폐법을 제정하면서 금본위제를 채택했으며, 이는 일제강점기 내내 이어진다. 당시 법정 기준으로 1원은 금 0.2돈에

　　　　〈칼럼 3－그 글씨와 그림 얼마면 됩니까〉

해당한다. 2025년 11월 금값(한국거래소 기준)으로 환산하면 일제강점기 1원은 14만 3,100원인 셈이다. 그렇다면 김규진이 종이에 친 '소화' 값 6원은 지금 돈으로 85만 원 남짓이 된다.

하지만 실제 그 시절 '1원'의 가치는 다를 수 있다. 그때 6원으로 뭘 살 수 있었을까? 1916년 당시 사진엽서 12매 1세트는 2.4원이었고, 조선에서 낙랑 고분 1기를 발굴하는 데 드는 총 비용이 50원이었다. 그리고 그 고분을 발굴하는 고고학 발굴조사원(박사) 월급이 120원이었다.*

조금 지나 1920~1930년대에는 학교 교사 월급이 30~40원, 대학 및 전문학교 졸업자 월급이 평균 40~50원, 군수 월급이 70원, 기와집 한 채가 1,000~2,000원 남짓했다. 그렇다면 김규진의 '소화' 값 6원은 교사 월급의 5분의 1~7분의 1이 된다. 지불 못할 액수는 아닐지 몰라도, 한 가족의 생계를 책임져야 하는 처지라면 결코 적은 지출은 아니다.

사람은 먹어야 사느니만큼 음식 값어치로 따져 보면 그림

* 믿기지 않겠지만 이는 영남대학교 문화인류학과 교수 정인성 선생님이 소장한 야쓰이 세이이쓰谷井濟一(1880~1959) 자료군에서 확인한 사실이다. 이 자리를 빌려 특별히 감사의 뜻을 표한다.

값이 더 피부에 와 닿을 것이다. 1920~1930년대 쌀 1가마니(80킬로그램)는 10원, 소고기 안심 한 근(600그램)은 0.6원, 소뼈 한 근은 0.03원이었고, 소고기와 소뼈를 재료로 끓이는 설렁탕 1그릇 값은 0.1~0.15원이었다(박현수, 《식민지의 식탁》). 당시의 6원은 쌀 48킬로그램, 소고기 안심 6킬로그램, 설렁탕 40~60그릇 값인 셈이다.

1924년 발표된 현진건玄鎭健(1900~1943)의 단편소설 〈운수 좋은 날〉을 보면 비 오는 어느 날 3원 가까이 번 인력거꾼 김 첨지가 친구와 '선술집'에 들어가서 막걸리 '곱빼기'를 마시는 대목이 나온다. 일제강점기에 유행했던 '선술집'은 손님이 앉지 않고 서서, 막걸리 한잔에 안주 하나씩 집어 먹던 술집이었다. 거기서 파는 막걸리 곱빼기 한잔 값은 10전, 곧 0.1원이었다.

〈그림 24〉

조선은행권 1원권.
1920~1930년대. 국립청주박물관 소장.

김 첨지의 눈은 벌써 개개 풀리기 시작하였다. 석쇠에 얹힌 떡 두 개를 숭덩숭덩 썰어서 볼을 불룩거리며 또 곱빼기 두 잔을 부어라 하였다. 치삼은 의아한 듯이 김 첨지를 보며, "여보게 또 붓다니, 벌써 우리가 넉 잔씩 먹었네, 돈이 사십 전일세"라고 주의시켰다.
─현진건, 〈운수 좋은 날〉 중에서

아무리 싼 김규진 그림이라도 막걸리 곱빼기 60잔 값인 6원이었음을 상기해 보자. 김 첨지가 김규진 그림 한 폭을 구하려면 '운수 좋은 날'을 두 번 맞이해야 했다. 아니 번 돈 3원 중 인력거 회사에 내야 하는 사납금 40퍼센트를 제하면 1.8원이니, '운수 좋은 날'을 세 번은 더 겪어야 간신히 넘겨다 볼 수 있는 액수였던 셈이다. 방세를 내고 땔나무를 사고, 술도 마시고 아내한테 설렁탕을 사 먹이고 한다면 더더욱 요원한 일이었겠고. 이런 김 첨지에게 서화란 그야말로 언감생심이었다 해야 하겠다.

참고로 이 시절 유행한 딱지본 같은 신구 소설류는 0.2~0.4원, 근대 문학서는 0.7~0.8원 남짓이었다. 특히 《무정》 같은 장편소설은 다른 근대 문학서의 갑절인 1.5원 정도였다. 한 연구자는 이를 근거로 일제강점기 장편소설이 지적·경제적으로 상위의 독자를 겨냥해 발간되었다고 할 정도였다(김종수, 〈일제 식민지 문학 서적의 근대적 위상〉).

하지만 이렇게 작품값이 비쌌다고 해서 서화가가 경제적으로 여유로웠느냐 하면, 꼭 그렇지도 않았다는 데 비극이 있다. 휘호회나 개인전을 열 때, 대개는 작가가 종잇값(또는 비단값)에 필묵값, 물감값, 표구비를 부담해야 했다. 다른 건 그렇다 쳐도 서화에 '옷을 입혀서' 족자나 액자로 만드는 표구비는 제법 비쌌다. 간송澗松 전형필全鎣弼(1906~1962)이 좀먹고 다 삭아 버린 현재玄齋 심사정沈師正(1707~1769)의 〈촉잔도권蜀棧圖卷〉을 5,000원에 사서는 다시 6,000원을 들여 새롭게 표구했다는 일화에서 보듯, 고급 표구는 작품보다 비싼 경우가 얼마든지 있었다. 다소 후대의 기록이지만 1938년 6월 《조선일보》 기사에 따르면 표구점에서 흔하게 하는 일반 족자 표구는 종이만 썼을 경우 1.5~3원, 비단을 썼을 경우 4.5~15원을 받았다고 한다. 김규진이나 김은호 같은 인기 작가라면야 그런 데 크게 구애받지 않았겠지만, 그렇지 않다면 작품 하나 팔아 봤자 손에 남는

게 별로 없었을 것이다.

마지막으로, 지금은 붓글씨보다는 그림값이 상대적으로 더 비싼데 당시는 어땠을까?《매일신보》를 보면 1931년 5월 성재 김태석이 전주에서 휘호회를 가졌다. 이때 그는 전서 12폭 병풍은 30원, 예서 12폭 병풍은 20원을 받았고, 낱폭으로는 전서 4원, 예서 3원을 받았다. 앞서 김규진이 그림 낱폭에 6~8원, 병풍 한 틀에 25원을 받았음을 상기하면 좀 낮게 받은 셈이다. 이것이 당시의 일반적인 경향이었는지는 앞으로 연구가 더 필요하다.

4.
일기 속 이완용의
서화書畫 인연

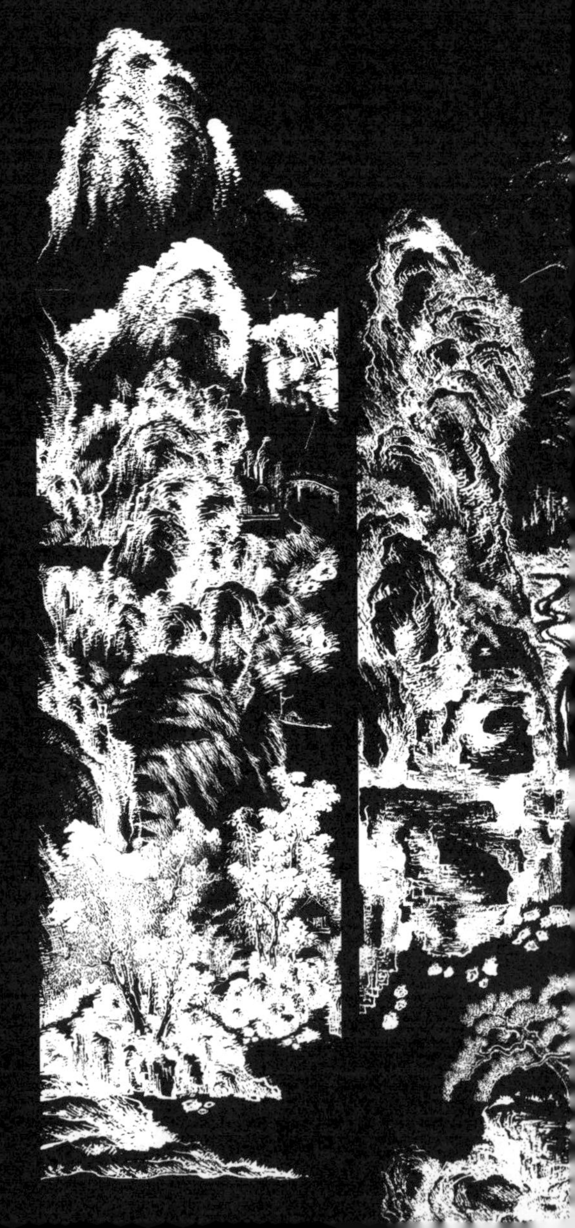

대한제국 내각 용지에 쓴 이완용 일기

역사 연구하는 사람들이 뭔가 필요한 자료가 있을 때 꼭 찾는 누리집이 몇 있다. 국사편찬위원회 한국사데이터베이스, 한국고전번역원 한국고전종합DB, 한국학중앙연구원 한국학자료통합플랫폼, 그리고 국립중앙도서관. 거기에서 찾아보고 싶은 키워드를 넣어 검색하면 어지간한 원사료들이 주루룩 펼쳐진다.

국립중앙도서관 누리집에서 '이완용'이란 이름을 검색해 보았다. 고문헌 부분, 여러 건 뜨는 항목을 쭉 내려 보다가 희한한 도서명을 둘 발견했다. 《일당서초유집》과 《일당선고일기一堂先考日記》. 앞서 잠시 살펴본 《일당서초유집》은 그렇다 치고, 《일당선고일기》라? 선고先考는 돌아가신 아버지라는 뜻이다. 그러니 《일당선고일기》란 돌아가

신 아버지 일당의 일기라는 말이 된다. 일당이 죽고 그 자녀 되는 이가 표지 제목을 새로 붙인 모양인데, 이 '일당'이 이완용이라면 아마도 이 제목은 그의 둘째 아들 이항구李恒九(1881~1945)가 쓴 것이겠다. 이완용은 아들 둘을 두었는데, 큰아들 이승구李升九(1879~1905)는 을사늑약 전에 죽었기 때문이다.

그렇다면 과연 《일당선고일기》는 이완용의 일기인가? 다행히 국립중앙도서관에서 원문 서비스를 제공하고 있어서 바로 들어가 확인해

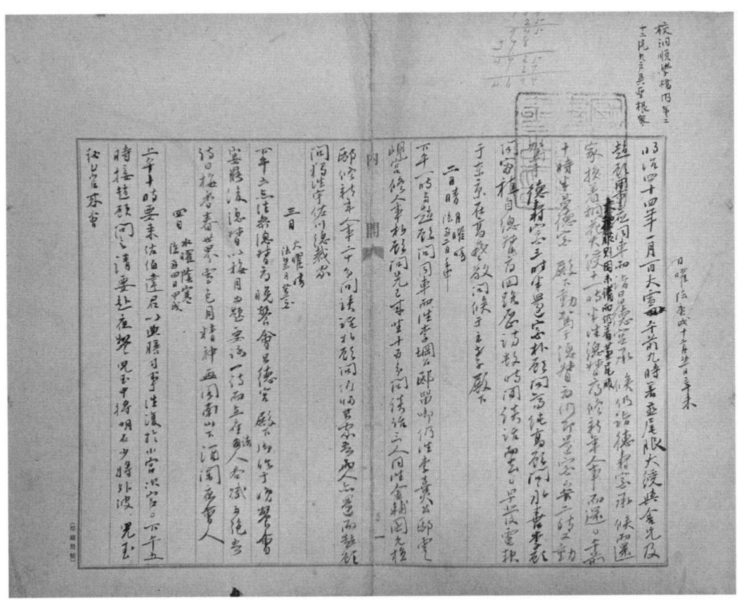

〈그림 1〉《일당선고일기》첫 면.
붉은색으로 인쇄된 인찰지에 붓으로 썼다. 가운데 판심 위에 '내각' 글자가 보인다.

보았다. 표지 다음 장으로 넘기자마자 다음과 같은 내용이 나온다.

메이지 44년 1월 1일, 큰 눈이 오다. 오전 9시에 연미복과 대수大綬
를 입고 사형舍兄, 고문 조중응과 함께 같은 차를 타고 창덕궁에 찾아
가 문후를 여쭙고, 이어 덕수궁을 찾아가 문후를 여쭙고 돌아왔다.

메이지 44년이면 서력으로 1911년이다. 경술국치로부터 겨우 다
섯 달 지난 시점, 이 일기의 주인공은 서양식 연미복에 훈장을 차고
자기 형, 그리고 중추원 고문 자리에 있던 조중응과 함께 고종과 순종
을 알현하러 갔다. 이어 그는 조선 총독을 찾아가 신년 인사를 드리
고, 고종을 뵈러 가는 순종을 배행했으며, 박제순과 고영희高永喜(1849
~1916) 같은 이들과 만났다. 이것만 봐도 이 일기를 쓴 자가 당시 고
위급 인사였음이 분명하다. 그리고 결정적으로 필치가 이완용 간찰에
서 보이는 흘림체와 똑같았다. 이완용, 그가 쓴 일기였다.

그런데 일기를 쓴 종이가 독특했다. 인찰지印札紙라고 해서 공문서
나 서류를 작성하는 데 사용했던 종이다. 네모 칸을 만들고 그 안에
양쪽으로 10행씩을 비워 둔 뒤 반으로 접어 책 형태로 엮게끔 했다.
그런데 반으로 접는 부분인 판심版心에 '내각內閣'이라는 글자가 선명
하지 않은가. 조선 시대에 규장각奎章閣을 일컫는 단어였던 '내각'은
1894년 갑오개혁으로 조선의 관제가 개편될 때 고위관료들이 모여

현안을 토론하고 국정을 집행하던 국가 최고 정무기구가 된다. 이는 1896년 의정부議政府로 바뀌었다가 1907년(순종 1) 다시 '내각'으로 환원되어 나라 문을 닫을 때까지 이어졌다. 당연히 이 '내각'에서는 많은 공문서가 생산되었고, 그 공문서의 작성을 위해 많은 종이를 만들어 두었을 것이다. 그런데 경술국치로 대한제국이 사라져 버린다. 그럼 누가 이 '내각' 종이를 쓸 것인가. 이완용이다. 이완용이 그것을 가져다 엮어서 자기 일기를 적은 것이다. 이완용이 대한제국 최후의 내각 총리대신이었다는 사실을 상기하면, 이 또한 이 일기의 주인공이 이완용임을 방증한다.

아쉽게도 누리집에는 1911년 1~6월 치 일기만 올라와 있었다. 그래도 이게 어디인가. 지금까지 세상에 잘 알려지지 않았던 자료를 읽는다는 짜릿함을 느끼며 한 자 한 자 더듬기 시작했다. 꽤나 흘려 쓴데다 복사본을 파일로 떴기에 군데군데 명확하지 않은 부분도 있었지만, 그런대로 읽을 만은 했다.

하지만 과연 이것밖에 없을까, 또 실물은 어떤 모습일까 하는 궁금함과 호기심이 머릿속을 떠나지 않았다. 이런

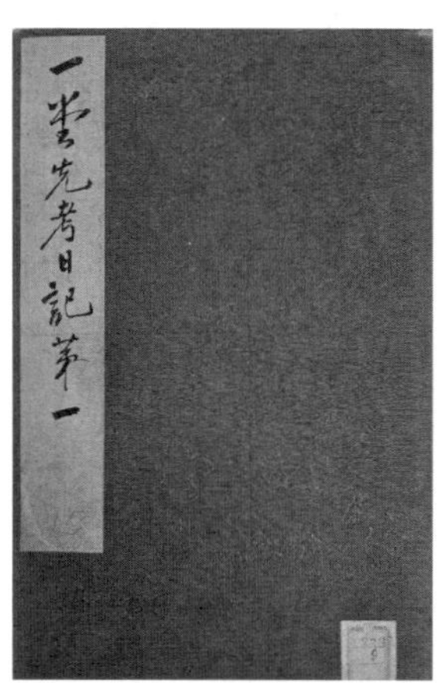

〈그림 2〉《일당선고일기》 표지.

저런 과정을 거쳐 국립중앙도서관에 이 자료가 소장되어 있음이 분명하다는 걸 확인하고 열람 신청을 넣었다. 서고에서 나온 책을 보니 누리집 파일과 달리 첩장帖裝이었는데, 원래 책으로 묶여 있던 걸 일부러 풀어서 붙인 것이었다. 제첨이 《일당선고일기 제일第一》로 붙어 있어 아마 여러 책 있었던 듯한데 지금 국립중앙도서관에 있는 건 6개월 분량이 담긴 책 한 권뿐이었다. 표지를 펼쳐 보니 본문 위에 작은 글씨로 단 난외두주欄外頭註, 틀린 글자를 지우고 다시 쓴 부분, 먹물이 튀어 급하게 문지른 자국이 선연한 게 그가 밤에 등불 밝혀 놓고 일기를 쓰던 모습이 훤히 그려졌다. 역시 자료는 실물을 봐야 한다.

일본에서 온 시문 요청

이완용을 두고 사람들이 한 평 중 하나가 "기계 같은 사람"이다. 똑똑하지만 인간미가 없다는 뜻인데, 이 일기도 그런 세평을 증명하듯 간단하기 짝이 없다. 양력 날짜와 음력 날짜, 요일, 날씨, 그리고 그날 한 일 몇 줄이 전부다. 어떤 날은 날짜와 날씨만 적기도 했다. 이것저것 잡다하게 적지 않아 일견 깔끔하면서도, 나라를 판 귀족이란 이렇게나 할 일 없는 존재였나 싶어 입맛이 좀 씁쓸하기도 하다. 덕수궁, 창덕궁에 문안 가거나 조선총독부 총독 이하 고위관리들을 만나고,

같이 작위를 받은 귀족들과 모여 노닐고, 지방에서 자기 토지를 관리하는 마름이 올라왔다는 따위의 이야기들이 대부분이다.

그래도 읽다 보니 《일당기사》에 실린 연보보다 이야기가 풍부해서 흥미로운 대목이 여럿 보인다. 창경궁 대온실을 일컫는 식물본관植物本館 문제로 일본인들을 만나는 일이 잦았고, 도쿄를 오가는 시찰단을 전송하느라 바깥 행차를 하기도 한다. 개중 바다 건너 일본에서 이완용에게 시문을 요청한 사례들이 눈에 들어온다. 예컨대 1911년 4월 5일엔 이런 일이 있었다.

도쿄의 마쓰이 기요시松井淸가 편지를 보내 요청하기를, 자기 집안 조부모의 혼후婚後 50년과 그 부모의 혼후 25년 경사를 시로써 축하해 달라 하였다. 그러므로 시 한 수와 그 서문을 짓고 부쳐 보내려 한다.

마쓰이 군은 도쿄 사람이다. 하루는 편지를 보내어 나에게 요청하기를, "저희 집 조부모님께서 혼인한 뒤 50년 되는 해가 올해인데, 저희 집 부모님이 혼인한 뒤 25년 되는 해가 또 올해입니다. 서양 사람들이 숭상하는 바 금은지경金銀之慶이 한 번에 함께 이르니 경사로움이 이를 넘어설 수 없습니다. 한마디 말을 빌려 부모님과 조부모님께 보여 드리고자 합니다"라 하였다. 축하하는 시의 원운原韻으로 그만

      4. 일기 속 이완용의 서화書畫 인연

졸렬함을 잊은 채 부끄러운 시구를 얽는다.

만 리 너머에 바치노니 한 번 웃으소서. 시에 이르기를,

좋은 날 맞이하여 부모님을 위해 잔치 베푸니

한 집안에 화목한 기운 돌고 온갖 꽃 새로워라

경전을 가르쳐 전하니 유학儒學이 가업이요

잔치에 금은을 베푸니 수역壽域은 봄이로다

〈그림 3〉
가토 쇼린, 〈귀로〉.
《집액》(개인 소장) 소재.

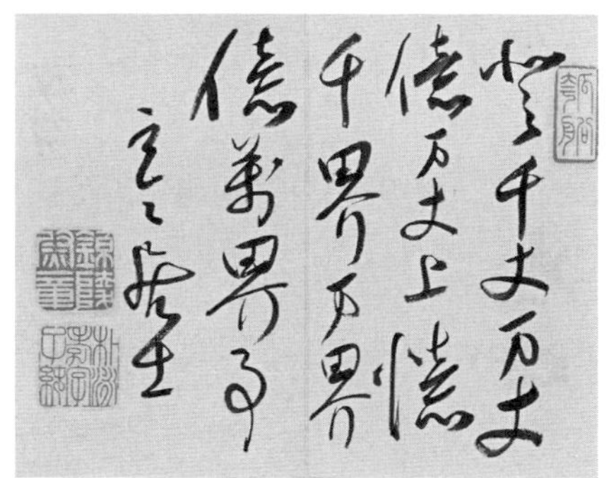

〈그림 4〉
박영효, 〈행서 게송偈頌〉.
《성구》(개인 소장) 소재.

천하의 지극한 기쁨 오직 이 노인에게 있어

세상에 복 많단 사람 다시 누가 있겠는지

노래자老萊子 옷 입은 아들 당상堂上을 높이나니

모든 일 마음 따르면 스스로 가난하지 않으리

—메이지 44년 늦은 봄, 조선 귀족 백작 일당 이완용

마쓰이 기요시라는 사람이 누구인지는 알 길이 없다. 하지만 그 부모가 1911년 당시 결혼 25주년이었다면, 나이가 아무리 많아 봤자 25세 이하였음은 분명하다. 그런 젊은이가 54세의 이완용에게, 직접 찾아온 것도 아니고 편지를 보내 글을 청한 것이다. 이완용은 또 그 같은 청에 흔쾌히 응한다. 이로부터 열흘 뒤 이완용은 위의 글을 정서하고 거기 더해 기념이 될 부채 한 자루를 함께 도쿄로 부쳤다. 미담이라면 미담일 수도 있겠지만, 이것이 일본인과 조선인 사이에 있었던 일이라면 이야기는 좀 달라진다.

비슷한 시기 반치半癡라는 호를 쓰던 누군가가 만든 서화첩《집액集腋》과 《성구成裘》의 사례를 살펴보자. 이는 일본인의 서화를 받은《집액》과 조선인의 서화를 받은《성구》를 합쳐 한 질로 만든 것으로,《집액》에 있는 일본인 서화가는 시미즈 도운, 가토 쇼린加藤松林(1898~1983)처럼 일본 교토화파의 주변부를 맴돌던 재조在朝일본인들이었다. 반면《성구》에는 운양雲養 김윤식金允植(1835~1922), 혜석惠石 조동

                    4. 일기 속 이완용의 서화書畫 인연

윤趙東潤(1871~1923)처럼 당대 조선 일류급의 고관들이 포진했다. 거칠게 보면 재조일본인으로 추정되는 '반치'는 이들을 서로 동격으로 여긴 셈이다. 또한 조선 명가의 작품을 일본 명가의 그것보다 훨씬 쉽게 구할 수 있었다는 의미도 된다. 이런 점에서 보면, 도쿄에 살던 젊은 마쓰이 상은 일본의 다른 작가보다 이완용을 상대적으로 만만하게 봤던 게 아니었을까?

《일당선고일기》에서 일본인이 일본에서 이완용에게 시문을 요청한 사례는 하나 더 확인된다. 5월 3일, 도쿄에 사는 오오쓰 순이치로大津淳一郎가 이완용에게 편지를 보낸다. 나이 18세 되던 해 아버지가 돌아가셔서 효양孝養에 여념이 없다가 마침 아버지의 37주기를 맞아 추도시를 받으려 한다는 것이다. 이에 이완용은 "그 편지를 보니 효자의 마음이란 마땅히 그러한 것이구나"라고 하고 오언절구 세 수를 써서 보낸다. 역시 끄트머리에 시 내용을 전부 적어 놓고 있다. 여섯 달 동안에 두 번이라, 그 이전과 이후에 얼마나 많은 부탁 편지가 왔을까.《일당기사》를 봐도 평소 이완용에게 글씨나 시문 요청이 적지 않았음을 알 수 있다.

> 그 필적을 얻기 위해서 보내 오는 비단 폭이 서안書案에 쌓이고 책상에 흘러넘칠 지경이었음에도 조금도 싫어하거나 피하려는 뜻이 없었으며, 춥고 더운 것을 가리지 않고 하루에 10여 매를 쓰셨으니 ······.

─김명수, 《일당기사》, 〈언행잡록〉 중에서

일기에 그냥 "시를 지어 보냈다"고만 해도 될 것을 시 내용까지 전부 적어 놓았다. 이는 전근대 시기 문인이라면 대부분 공통적으로 가진 습관이었다. 언젠가 문집을 만들 때 제자나 후손들이 흩어진 작품을 수집하는 수고를 덜게끔, 남에게 보내는 간찰이나 시고도 부본副本을 따로 베껴 둔 것이다. 실제로 《일당선고일기》에 실린 시문은 《일당기사》에도 거의 그대로 실려 있다.

그림 구경하러 다닌 매국노들

통감부 시대에 조선미술협회라는 것이 창립되어 그 발회식發會式이 성대하게 개최되었었다. 식장에는 통감 이토 히로부미를 위시하여 일인 고관들과 이완용, 송병준宋秉畯(1858~1925) 등의 매국 도당들이 모두 모였었다. 선생께서도 참석하였는데 공교롭게도 맞은편 자리에 이완용과 송병준이 앉아 있는지라 갑자기 비위가 상하셨던지 "대감네도 동경으로 이사 가시오"라고 하니 송, 이 두 사람은 웬 영문인지를 몰라서 "영감, 별안간 그게 무슨 말씀이오?" 하였다. 선생은 태연히 "대감들이 망하는 데는 천재니 동경에 가면 일본이 또 망

할 것이 아니오"라고 하시었다. 송, 이 두 사람은 물론이오 일인들
에게 아첨 잘하던 사람들도 모두 얼굴이 파랗게 질린 것은 다시 말
할 것도 없다.

독립운동가 월남月南 이상재李商在(1850~1927)의 유사遺事를 김을한
金乙漢(1906~1992)이 모아 엮은 《월남 선생 일화집》에 나오는 이야기
한 토막이다. 매국노와 침략자가 한데 모인 곳에서 그들의 행동을 신
랄하게 풍자한 이상재의 배포와 재치가 참으로 존경스럽지만, 그와
별개로 이 대목에서 주목되는 사실은 이들이 모인 계기다. 바로 '조선
미술협회'다.

사실 조선미술협회는 1946년 1월 8일 창립된 미술인 단체였으므
로 통감부 시대(1905~1910)엔 아직 없던 단체다. 그러니 사실관계가
좀 틀리긴 했지만, 그렇다고 이 인용문이 아예 없었던 일이라고는 할
수 없다. 통감부 시대로부터 1년 남짓 지난 시점, 경성에는 어엿한 미
술인 단체가 만들어지고 있었다. 《일당선고일기》의 1911년 3월 2일
기록이다.

3월 2일 목요일(음력 2월 22일), 그늘진 날이었다.

성내城內 서화가 여러 사람이 서화미술원書畫美術院을 만들고 서화
를 진열하여 공람케 하고 겸하여 내게 (와줄 것을) 요청하였다. 그

러므로 오후 2시에 원院에 갔는데, 여러 화사와 필객筆客 모두 이 시대의 이름 있는 사람들이었다. 이때 가서 본 사람들은 평재平齋 박제순, 우정雨亭 고영희, 낭전琅田 조중응, 박기양朴箕陽(1856~1932) 대감, 김종한 대감이었다. 저녁이 다 되어서야 비로소 돌아왔다.

당대 내로라하는 귀족 나으리들을 이끌고 '진열'된 서화를 보러 갔던 일당 대감의 모습이 훤하다. 사실 요즘도 흔히 볼 수 있는 풍경 중하나다. 흥미로운 건 다른 날짜엔 박 후작이니 이 남작이니 조 고문이니 하는 작위로 다른 사람을 불렀는데 이날 이 기사는 유독 그들을 아호와 '대감[台]'으로 일컬었다는 사실이다. 예술을 즐기러 가는 자리였기에 그랬던 것일까.

〈그림 5〉
《매일신보》1916년 6월 11일 자
기사에 실린 윤영기.
그를 당시 신문은 "동양 정 판교,
김 추사, 윤 옥경 3품이란
평가와 찬사를 널리 얻었던"
사람이라 칭송했다.
판교板橋 정섭鄭燮(1693~1765),
추사 김정희와 어깨를 나란히 한다니!
신문기사라 과장이 섞였을 것임을
감안해도 상당한 평가다.

170

물론 이들은 서화를 즐길 줄도 알고 또 즐길 만한 위치에 있었다. 그런데 한 꺼풀 벗기고 보면 또 다른 이야기를 읽을 수 있다. 이 '서화미술원'의 정체 때문이다. 서화미술원, 다른 말로 '경성서화미술원'이라고도 하는 이 단체는, 난초 그림으로 이름났던 서화가 옥경산인玉磬山人 윤영기尹永基(1835~?)가 세웠다.

평양 출신이라고도 하고 서울 출신이라고도 하는 윤영기는 흥선대원군, 곧 석파石坡 이하응李昰應의 난초를 대필했다고 할 만큼 솜씨가 있었고 서화 골동 감정에 탁월했다고 한다. 일제의 대한제국 강점을 전후한 시기, 팔십 가까이 된 노인이었던 윤영기는 당시 이름깨나 날리던 서화가들을 규합해서 1911년 3월, 북부 두석동豆錫洞(지금의 서울 광화문 동아일보사 근처)에 미술인 단체이자 교육기관이며 서화 판매점이기도 했던 경성서화미술원을 설립했다. 아무래도 어떤 단체의 설립은 초기 자본이 많이 드는 일이므로, 윤영기는 일제 통치자와 이완용을 비롯한 고위관료들의 재정적 후원을 많이 받았다.

이 기사는 그러니까 경성서화미술원이 처음 세워지고 후원자들을 초청해 성과를 보여 주는 모습을 담은 셈이다. 경성서화미술원에서는 미술 전람회뿐만 아니라 유력자들을 모아 시회詩會도 개최했는데, 이완용도 3월 22일 그 시회에 참석하여 시 한 수를 남겼다.

하지만 경성서화미술원은 오래가지 못했다. 얼마 안 가 안중식과 조석진이 주도하는 경성서화미술원 안의 사적 모임 서화미술회가 이

왕직을 끌어들여 운영을 지원받고, 이어 이완용이 경성서화미술원을
서부 방교芳橋에 있는 총독부 소유 가옥으로 옮긴 뒤, 결과적으로 경
성서화미술원 자체를 '서화미술회'로 바꿔 버렸다.

이어 1912년 6월 이완용이 서화미술회 회장 자리에 오른다. 김은호
의 회고에 따르면 이는 조선총독부가 미술로써 조선 서화계 인사를 포

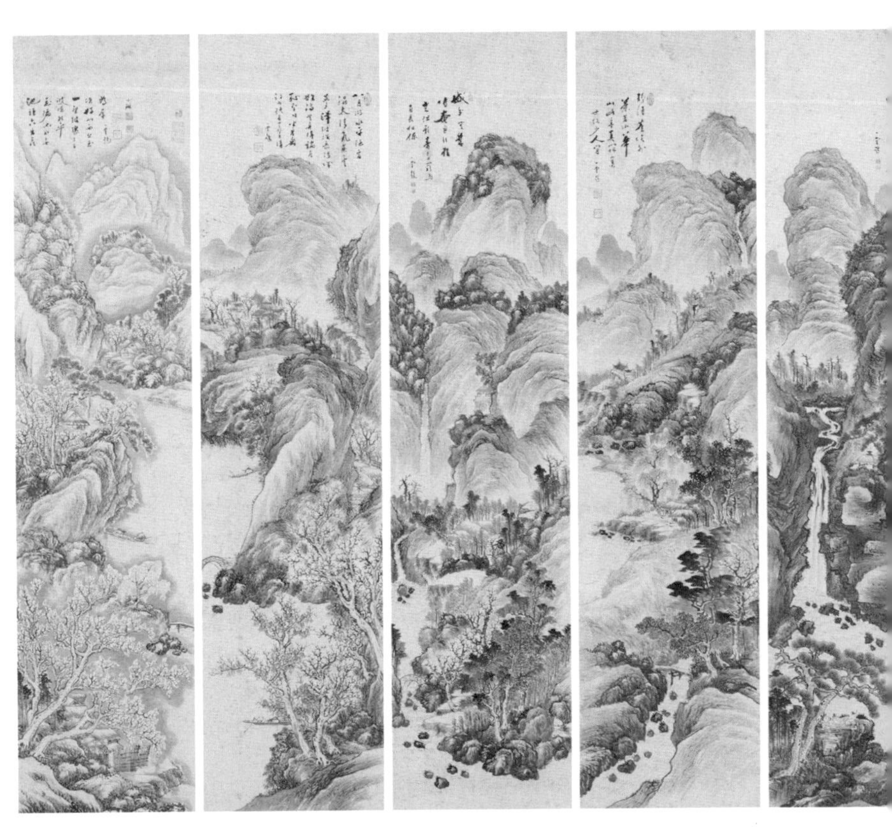

섭하려 한 책략의 일환이었다. 하지만 이완용이 서화에 밝고 또 후원을
통해 서화가들과 친교를 맺어 두지 않았다면 가능하지 않았으리라. 서
화미술회는 서·화 전문 3년 교육과정을 갖추고 학생을 모집했다. 서화

〈그림 6〉 〈산수 10폭 병풍〉.
조석진과 일재一齋 김윤보金允輔(1865~1938)가 그리고
이완용이 화제를 썼다. 개인 소장.

173

미술회가 이완용이 회장에 오른 지 1년 만인 1913년 6월 1일 남산정南
山町(지금의 서울 중구 남산동) 국취루掬翠樓에서 교수진·학생 작품, 찬조
출품한 서화와 고미술품 110여 점을 전시하고 "총독부 관인과 귀족 제
씨와 사회 유지 제언諸彦"을 초청할 수 있었던 것도 이완용의 협조가 있
었기 때문으로 보인다. 국취루는 근대 초기 고관이나 귀족, 일본인 관
료를 대상으로 영업하던 고급 일본식 요정으로, 1905년 이토 히로부미
의 통감 취임 환영회를 개최했던 장소이기도 했다. 이완용은 여기에도
회장 자격으로 자기 글씨를 출품했다.

특히 안중식, 조석진과 이완용은 상당히 친했던 것으로 보인다.
《일당선고일기》에도 이들이 몇 차례 더 등장하며, 이들과 이완용이
한데 엮이는 사례가 드물지 않기 때문이다. 예컨대 안중식은 1917년
6월 개인적으로 서화를 연구하고 가르치는 조직 경묵회耕墨會를 만드
는데 그 고문이 이완용이었다. 또 안중식은 이완용과 함께 앞서 3장
에서 보았던 이문회의 회원으로 활동하기도 했다. 그리고 조석진은
이완용과 합작한 서화를 몇 점 남기고 있다.

이완용이 경성서화미술원 운영에 영향을 끼치고 있었음은《일당선
고일기》에서도 간접적으로 확인된다. 1911년 5월 21일, 이런 일이 있
었다.

또 이도영李道榮(1884~1933), 안중식이 함께 와서 서화미술원의 일

　　　　　　　　　　　　4. 일기 속 이완용의 서화書畫 인연

로 장황하게 이야기하였다.

　이 기사를 보면 한 가지 의문이 생긴다. 이완용이 쓰기를, 이도영과 안중식이 서화미술원의 일을 "장황하게 이야기하였다"고 한 것이다. 《일당선고일기》를 읽어 보면 이완용이 자기 감정을 표출하는 경우는 드물다. 그 이완용이 이렇게 썼을 정도면 그의 입장에서 관심도가 떨어지는 주제를 이 둘이 참 시시콜콜히도 얘기했다는 뜻일 텐데, 서화미술

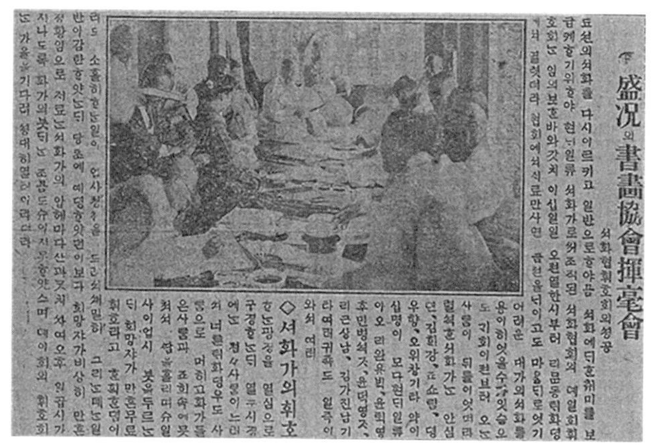

〈그림 7〉《매일신보》1918년 7월 23일 자에 실린 서화협회 제1회 휘호회 정경. 협회에서 '재료'만 사면 안중식, 김규진, 조석진, 정대유丁大有(1852~1927), 오세창 같은 대가의 서화를 쉽게 공짜로 얻을 수 있었다는 내용과 함께 이완용을 비롯한 여러 귀족도 와서 서화가의 붓 휘두르는 광경을 열심히 구경했다고 나온다. 그런데 이들이 휘호회를 가진 장소인 '이문동 태화정'이 바로 이완용 소유였다. 매국노이자 수전노 이완용은 현금 대신 이런 식으로 서화협회를 후원했던 모양이다.

원을 연지 두 달 남짓 지났을 때 거기 속한 화가 둘이 굳이 이완용을 찾
아와 서화미술원의 일을 그렇게 이야기했다는 게 퍽 의미심장하다. 훗
날 이들이 서화미술회의 중추 역할을 하는 것도 그렇고 말이다.

혹 경성서화미술원을 서화미술회로 탈바꿈하는 데 주도적 역할을
한 것이 안중식과 이도영 둘이었고, 이완용은 일종의 '얼굴마담'이었
던 것일까? 김은호는 이완용이 "일주일에 한두 번씩 서화미술회에 나
와 앉아 있다 가곤 했다"고 술회했다. 이를 보면 이완용이 회장이긴
했어도 김은호의 회고처럼 취미도 살리고 말벗도 찾으려고 이따금 회
원에게 글씨를 가르치는 정도였지, 서화미술회를 적극적으로 운영한
건 아니었다고 여겨진다.

그렇다고 이완용이 당시 서화계에 별 영향을 끼치지 않았다고 단
정할 수는 없다. 당장 안중식과 이도영이 찾아와 "서화미술원의 일"
을 의논한 대상이 이완용이다. 이완용은 글씨로 자부한 서가였을 뿐
만 아니라 조선 귀족이었고 경성서화미술원의 후원자였다. 그의 의견
에 따라 서울의 서화가 대부분이 속해 있던 경성서화미술원의 행보가
얼마든지 달라질 수 있는 것이다. 이런 점에서《일당선고일기》의 술
회는 이완용이 경성서화미술원에 어떤 식으로든 큰 그림자를 드리우
고 있었음을 보여 준다. 이로부터 40여 년 뒤, 한국 최초의 서양화가
춘곡春谷 고희동高羲東(1886~1965)은 서화미술회와 서화협회 재정 운
용에 이완용의 입김이 강하게 들어갔었다고 회고한 바 있다.

그런데 이 회會(서화협회–필자 주)의 재산에는 그전의 서화미술협
회書畵美術協會의 돈이랑 기명집물器皿什物 등의 재산이 이완용의 손
으로 물려받았다는 것이다. 이것은 어느 의미에서 때묻은 돈이라
할 수 있는데, 깨끗이 쓰면 되는 것이니 별반 욕되게 생각할 것까지
는 없을 것이다.

—《동아일보》1958년 10월 5일 자 기사 〈신문화여명 야화新文化黎明 夜
話–미술계 3〉 중에서

게다가 이완용은 경성서화미술원, 서화미술회, 서화협회에만 관여
하는 데 그친 것도 아니었다. 1920년대 경성 시내 공평동에서는 여자
고등보통학교 이상 재학 중인 여성을 대상으로 하는 규수서화연구회
가 조직되어 있었다. 1923년 4월, 규수서화연구회가 회원 자격을 고
쳐 "남녀를 불문하고 서화에 유의有意한 이"를 더 모집한다는 기사가
《조선일보》에 실린다. 이 기사를 보면 현채와 오일영, 그리고 이완용
이 당시 규수서화연구회의 고문이었음을 확인할 수 있다. 이름을 '창
신서화연구회創新書畵研究會'로 바꾼 이 규수서화연구회는 1923년 밀
양, 부산, 전주 등지를 다니며 전람회와 휘호회를 개최해 지역 사회에
서 큰 호응을 얻었다 한다.

한국 근대미술사에서 서화미술회와 그 후신이라 할 수 있는 서화협
회의 위상은 지금도 높은 편이다. 일제의 침략에 대항한 '민족적' 단체

이고 서화 교육기관이었다는 주장이 한때 정설에 가까웠으며, 지금도 완전히 불식되지 않았다. 실제 서화미술회와 서화협회를 통해 배출된 예술가가 적지 않고, 그들이 대부분 근현대 한국화단의 중진과 원로로 활동한 것도 사실이다. 하지만 그 탄생 과정은 이렇게 개운치만은 않았다. 처음 경성서화미술원을 만든 윤영기마저 친일 행적이 절대 옅지 않다. 경성서화미술원을 만들기 위해 그는 이토 히로부미, 소네 아라스케 曾禰荒助(1849~1910) 같은 일본 고관에게 매달렸다. 어찌어찌 만들고 난 뒤인 1911년 6월에는 조선총독 데라우치 마사타케를 만났다.

데라우치 총독은 전 일요일(6월 2일-필자 주) 이희李熹(1845~1912) 공 전하의 초대에 응해 석파정石坡亭에 임석하였음은 이미 보도하였거니와, 오늘은 청유淸遊를 위주로 조선의 고서화, 보물들을 꾸며 총독이 한 번 보게끔 하고, 또 서화미술원에서 장로 윤영기 씨 이하 부로父老가 출석하여 각종 설명이 있었는데, 윤영기는 올해 80여 세의 장로로 50년간 조선 상류사회에 드나들며 서화 골동의 감정에 가장 빼어난 사람인데, 같은 날 총독과 직접 만남에 더없는 영광으로 알고 기념으로 영구히 자손에게 전하기 위해 총독의 휘호를 걸乞하매, 총독은 이를 흔쾌히 허락하고 먹 자국이 흥건할 정도로 호기롭게 '팔도산하정八道山河靜'이라 큰 글자로 써서 줌에, 윤영기는 특별히 기뻐하며 …… 총독의 휘호를 지니고 각지를 돌아다니며

4. 일기 속 이완용의 서화書畫 인연

설명하는 중 엊그제는 조 자작(조중응―필자 주)을 만나 총독에게 사례를 전해 달라고 의뢰하였다더라.

―《매일신보》 1911년 6월 9일 자 기사 중에서

저 긴 글이 한 문장이다. 도대체 중간 어디쯤에서 끊어 읽어야 할지도 아리송한 이 신문기사를 보면, 총독에게 보여 주기 위해 흥선대원군의 자취가 서린 석파정에 조선의 문화유산을 진열하고 안내역으로 윤영기가 왔던 정황이 드러난다. 와서 설명한 것까지는 좋은데 그다음이 압권이다. "팔도의 산하가 고요해졌네"라는 총독의 글씨를 받고 이를 소재로 강연을 다닌다는 것이다. 이로부터 8년 뒤 팔도 산하가 들썩이며 "대한 독립 만세"를 외칠 줄, 이 팔십 노인은 꿈에도 몰랐던 모양이다.

여담으로, 이완용에게 경성서화미술원을 빼앗긴 뒤 평양으로 간 윤영기는 다시 일재 김윤보, 수암守巖 김유탁金有鐸(1875~?), 호정湖亭 노원상盧元相(1871~1926) 등 관서 출신 서화가를 규합해 1913년 '기성箕城 서화미술회'를 만들었고, 거기서 평양 기생들에게 묵란 치는 법을 가르쳤다. 이 시기 예술의 동향을 논하면서 기생의 자취를 뺄 수는 없다. 일제강점기의 기생, 특히 일패―牌에 해당하는 기생은 단순히 술자리에서 여흥을 돋우는 존재가 아니라, 시문과 서화, 거문고와 가야금, 노래, 춤 등 다방면에 걸친 재주를 지닌 종합예술인이었다고 해야 맞

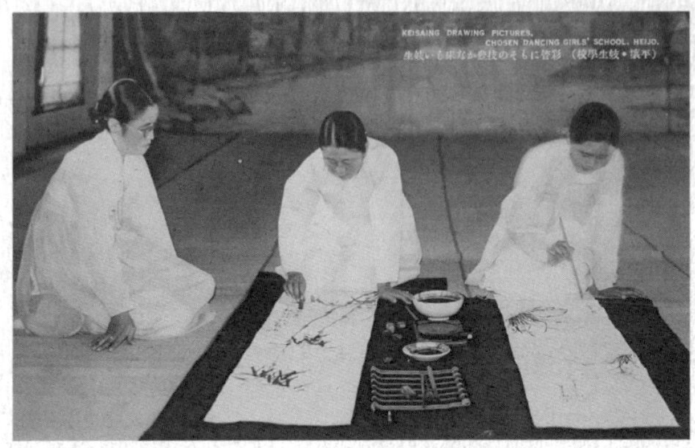

〈그림 8〉 평양 기생학교 사진엽서. 1930년대.
가운데 묵죽을 치고 낙관을 하는 이가 강취운이다. 강취운은 당대 제일의 예기로,
조선에 오는 일본 서화가들이 한 번 만나 시문 서화를 나누는 자리를
갖고 싶어 했던 인물이다. 개인 소장.

〈그림 9〉 평양 기생학교 사진엽서. 1920~1930년대.
기생학교에서 기생들이 난초 치는 법을 배우는 장면을 연출해
촬영한 사진을 엽서로 만들었다. 맨 오른쪽 안경을 쓴 인물이 김유탁이다.
국립민속박물관 소장.

다. 그들은 자신의 재주를 토대로 남성 지식인과 대등하게 교류하기도 했다. 서화 쪽에서도 오산홍吳山紅(1905~?), 강취운康翠雲(1905 ~?) 같은 예기藝妓는 묵란으로 조선미술전람회에 여러 차례 입선할 정도였는데, 강취운이 바로 평양에서 윤영기와 김유탁에게 사군자를 배웠다.

덕수궁에서 열린 서화회 풍경

1911년 6월 17일 토요일, 맑게 갠 날이었다. 이날 이완용은 서화미술원의 화사畵師들과 함께 고종의 침전인 함녕전을 찾았다. 덕수궁에서 고종의 명으로 서화회를 연 것이다. 함녕전에 모인 서화가들은 저마다 솜씨를 부려 작품을 탄생시켰다.《일당선고일기》에선 그날의 풍경을 이렇게 기록하고 있다.

조석진이 그린 〈바다 위의 학[海鶴]〉 한 폭은 정대유에게 화제를 쓰게 하여 (나에게) 하사하였고, 이도영이 그린 〈금강산 정양사正陽寺 실경〉 한 폭은 나에게 화제를 쓰게 하여 민병석閔丙奭(1858~1940)에게 하사하였고, 강필주姜弼周(1852~1932)가 그린 〈어옹이 밤에 취해 서암에서 자노라[漁翁夜醉西岩宿]〉 한 폭도 나에게 화제를 쓰게 하여 고미야 미호마쓰小宮三保松(1859~1935)에게 하사하였고, 김응원이 그린 〈석란〉 한 폭 또한 나에게 화제를 쓰게 하여 이병무李秉武(1864~1926)에게 하사하였다.

고종, 아니 '덕수궁 이태왕 전하' 앞에서 화가들이 붓을 휘두르고, 거기에 화제를 더한 작품을 고종이 차례대로 그날 모인 귀족들에게 하나하나 내려주는 모습이 눈에 선하다. 이러한 서화회 또는 어전 휘호회가 이전에도 없던 건 아니었다. A. 헨리 새비지-랜도어A. Henry Savage-Landor(1865~1924)나 요세푸스 휴버트 보스Josephus Hubert Vos(1855~1935) 같은 서양 화가들이 일찍이 고종을 알현하고 궁중에서 유화를 그린 적이 있다. 또 《황성신문》과 《대한매일신보》를 보면 1908년 서울에 왔던 일본 화가 사쿠마 테츠엔佐久間鐵園(1850~1921)이 소네 아라스케 부통감과 함께 덕수궁에 찾아가 고종을 알현했다. 그때 대한제국 고관들이 김규진과 안중식을 데려와 사쿠마와 함께 그림을 그리게 하니, 고종이 이를 보고 찬탄하며 점심을 하사했다고 한다. 간송미술문화재단 소장 〈이백관폭도李白觀瀑圖〉가 그 자리에서 사쿠마 테츠엔이 그린 그림으로, 민병석이 화제를 쓴 뒤 고종이 조중응에게 하사한 작품이다.

이뿐만 아니라 당시 고관이 화제를 남기고 고종 또는 순종이 누군가에게 하사한 근대 서화가의 그림은 적잖이 전해지고 있다. 이는 1900~1920년대 덕수궁, 창덕궁, 총독관저 등에서 서화회가 자주 있

4. 일기 속 이완용의 서화書畫 인연

었으며, 특히 을사늑약 이후 빈번히 열렸음을 짐작하게 한다. 《일당선고일기》보다 더 생생한 증언은 실제 그런 자리에 참석해 그림을 그렸던 김은호가 남겼다.

하루는 덕수궁에서 어전 휘호를 한다고 미술회 선생님들과 학생들을 불렀다. 나중에 안 일이지만 고종께선 순종 어진御眞을 끝낸 나만을 은밀히 부르려다가 그보다 미술회 전체를 불러 휘호회를 베푼 것이라고 했다. 서화미술회로선 영광의 날이었다. 선생님들을 따라 우리도 줄지어 대한문大漢門으로 들어갔다. 우리는 석조전 돌층계를 올라서서 넓은 대청으로 들어갔다.

잠시 후 시종장의 신호와 함께 고종이 나타났다. 미술회 선생님들과 학생들이 모두 숨을 죽이고 엎드려 고개를 숙이고 있었다. 고종은 소림과 심전 선생에게 고개를 들라고 하시면서 선생님들 앞으

〈그림 10〉
사쿠마 테츠엔, 〈이백관폭도〉.
간송미술문화재단 소장.

로 한 걸음 두 걸음 발길을 옮기셨다. 가까이 오셔서 인자한 음성으로 "많이들 늙었구나." 고종은 옛일이 생각나시는 듯 선생님들을 한참 동안 바라보고 계셨다. …… 서화미술회의 선생님과 학생들은 황공한 생각으로 어전 휘호회에 임했다. 우리들이 그림 그리는 모습을 뒷짐 지고 걸어 다니면서 보시던 전하는 조용히 시종장을 불러 김은호란 청년이 누구냐고 물었다. …… 이튿날 나는 소호小湖(김응원), 위사渭士(강필주) 두 선생을 따라 덕수궁 돈덕전惇德殿에 가니 웬일인지 여러 귀족 대감들이 모여 있었다.

―김은호, 《서화백년》, 〈어전 휘호회〉 중에서

김은호가 60여 년 전 일을 회고한 것이라 일부 과장이나 누락은 있겠지만, 서화회에 참여했던 화가의 심정과 '어전 휘호회'의 분위기는 유감없이 보여 주고 있다. 이러한 휘호회, 서화회는 경성과 지방을 막론하고 여러 차례 개최되곤 했으며, 많은 일본인과 조선인 작가가 거기에서 솜씨를 뽐냈다. 이런 현상은 무엇 때문에 나타났고 또 가능했을까?

물론 이 같은 행사 개최에는 일제의 의도가 반영되어 있다. 먹으로 무언가를 쓰거나 그리는 서화는 한국과 일본이 공유하는 문화다. 서화회란 이러한 공통점을 활용해 일제가 대한제국 지배층의 반감을 누그러뜨리고, 양국의 문화적 공통성을 강조하여 식민통치를 합리화하려는 정치적 포석이었다고 해석하는 연구(최경현, 〈근대 한국 화단에서

   4. 일기 속 이완용의 서화書畫 인연

의 즉석휘호 합작과 변형〉가 있다. 그
러나 과연 그게 다일까.

　조선 시대에도 이와 비슷한 문화
는 있었다. 계병契屛, 계첩契帖이라고
해서 관료들이 어떤 날이나 모임을
기념해 그림 병풍이나 화첩을 주문
해 나눠 가지곤 했다. 저 유명한 김
홍도金弘道(1745~?)의 〈삼공불환도三
公不換圖〉 병풍(리움 소장)도 순조의
두창 완쾌를 기념해 개성 유수부 관
료들이 만들어 나눠 가진 작품 중 하
나다. 또 임금이 어린 세자를 편전에
데려다 놓고 글씨를 쓰게 한 뒤 그것
을 대신들에게 하사하거나, 어진 초
본을 그려 놓고 임금과 신하가 다 함
께 품평하는 사례도 있다. 하지만 궁
중에서 화가를 불러다 즉석에서 그
림을 그리게 하고 나눠 가지는 일이
한국 사료에서 확인되는 것은 일러
도 1890년대 말이며, 본격적으로 민

〈그림 11〉
안중식, 〈노안도蘆雁圖〉.
1909년 고종이 승녕부承寧府 부총관
박제빈朴齊斌(1858~1921)에게
하사한 그림으로,
규장각경奎章閣卿
조동희趙同熙(1856~?)가
그 내력을 적었다.
국립중앙박물관 소장.

185

간에 퍼지는 건 1910년대부터다.

관아에 소속된 화원 또는 각색 민화를 그려 광통교廣通橋 아래 서화 가게나 지전紙塵에 납품하는 화공, '환쟁이'가 존재하던 조선 시대에는 전문 서화가에 대한 인식이 그리 좋지 않았다. 여기餘技로 그림을 그리고 그것으로 상찬을 받았던 문인이 없던 건 아니었다. 하지만 인재仁齋 강희안姜希顏(1418~1465)이 시서화에 능했음에도 "글씨와 그림은 천한 재주이니 후세에 널리 전한다면 다만 이름을 욕되게 할 뿐이로다[書畵賤技 流傳後世 祗以辱名耳]"고 하여 주변의 요청을 거절했다는 《연려실기술》 속 일화나, 관아재觀我齋 조영석趙榮祏(1686~1761)이 어진 모사에 참여하라는 영조(재위 1724~1776)의 명을 "어찌 재주를 가지고 임금을 섬길 수 있겠습니까[何可執技事上乎]"라며 거부한 《영조실록》의 사례를 보더라도, 어지간한 사대부는 그림으로 이름나는 자체를 꺼렸다. 하물며 자기 솜씨를 자랑하듯 그려서 뿌리거나 판다는 건 생각하기도 어려웠다.

18세기 후반쯤 되어 명품 서화를 수집하는 이들이 늘어나면서 주문을 받아 서화를 파는 사람들이 하나둘 생겨나지만, 한양 안에 국한되어 나타날 뿐이었다. 화원, 화가를 낮추어 보는 풍조도 여전히 강했다. 하지만 화원 제도가 흔들리고 이내 폐지되던 조선 말기부터는 상황이 달라진다. '서화'가 어떤 이의 생계 수단인 동시에 상층 다수, 나아가 중층에 이르기까지의 교양이자 애호 대상이 되었으며, 오원吾園

　　　　　　　　　4. 일기 속 이완용의 서화書畵 인연

장승업張承業(1843 ~1897), 그 제자 격인 안중식과 조석진, 그리고 그들과 비슷한 세대인 김응원, 김규진 같은 전문 서화가가 '명인' 대접을 받게 된 것이다. 이는 김정희와 그 제자들이 크게 증폭시킨 조선 후기 서화 애호 풍조의 명맥이 이어지던 상황에 더해 아무래도 당시 일본의 영향이 컸다고 여겨진다.

근대 한국화 6대가의 하나로 꼽히는 화가 의재毅齋 허백련許百鍊(1891~1977)의 사례를 보자. 허백련은 법학 공부를 위해 일본에 유학을 갔다가 말더듬이 증세를 고치지 못해 학업을 중단하고, 일본 남화의 대가 고무로 스이운 문하에서 그림을 익혔다. 그리고 화구를 걸머진 채 일본 각지를 다녔다. 그때의 정경을 허백련의 전기는 다음과 같이 그리고 있다.

"아니, 선생님께서는 화가이시구만요." 여관 주인의 물음에 그렇다고 대답을 하자, "그런 것도 모르고

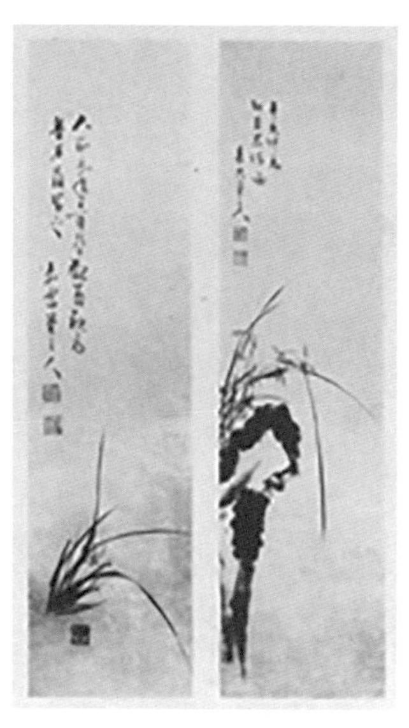

〈그림 13〉
《소공공묵란화존素空公墨蘭畵存》(부분).
조선총독부 초대 정무총감을 지낸 야마가타 이사부로山縣伊三郎(1858~1927)의 작품 도록이다. 그는 조선에서 "당시 난화의 명수" 소호 김응원을 스승으로 모시고 난초 치는 법을 익혔다. 국립중앙도서관 소장.

187

〈그림 12〉
허백련, 〈조어산수도釣魚山水圖〉.
1928년 작품으로 허백련의 초기작에
속한다. 국립중앙박물관 소장.

…… 이거 그동안 대접이 소홀해서 죄송합니다." 그날부터 밥상이 걸어졌고, 주인이 깍듯하게 대접을 했다. 여관 주인은 그림을 좋아했다. 그는 몇 시간이고 의재 옆에 쪼그리고 앉아서는 그림 그리는 것만 구경하였다. 산수화 한 점을 그려 주었더니, 그는 몇 번이고 절을 하며 송구스러워하였다. 인근에, 화가가 왔다는 소문이 짜하게 퍼졌다. ……얼마 안 가서 의재의 이름이 니가타新瀉시에 쫙 퍼졌으며, 그의 그림을 사려고 들 하였다. 니가타시의 그림 애호가들은 의재의 여관방에서 아예 살다시피 하였다. "우리 이럴 것이 아니라, 화회畫會를 열도록 합시다." 여

관 주인의 제안에 모두들 좋은 생각이라고 하였다.

—문순태,《의재 허백련》,〈일본 방랑화가〉 중에서

그림을 본격적으로 배운 지 오래지 않은 사람, 더구나 조선 사람임에도 화가라며 존중하고 기꺼이 돈을 내어 작품을 받고자 하는 일본인들. 그들을 보며 젊은 허백련이 느꼈을 감정은 어떠했을까. 수십 년 뒤 허백련은 "지금 생각해도 즐거운 것은 일본인들이 그림을 애호하는 마음이었다"라고 회상했다. 허백련뿐만 아니라 일제강점기 일본인들이 서화가를 유달리 존중했음은 다른 이들도 입을 모아 이야기하고 있다.

화가에 대한 대우 역시 그렇게 파렴치한 것은 아니었다고 생각된다. 내 경우, 국내에서나 일본에서나 일인日人 형사들의 불심검문을 받은 일이 한두 번이 아닌데, 그때마다 내가 화가임을 증명하면 그들은 깍듯이 인사를 하고 가버리곤 했다. 근대화로 인하여 예술에 대한 인식이 그만큼 높았다고 할까?

—장우성張遇聖(1912~2005),《화실수상畫室隨想》,〈나와〈조선미술전람회〉〉 중에서

개항 이래 조선에 큰 영향을 드리우고 있던, 게다가 식민지 본국까지 된 일본 사회의 분위기를 조선에서 받아들이려는 경향이 생기지 않

을 수 없다. 실제 근대 초기 조선 민간에서 서화·휘호회를 개최해 서화가를 후원한 건 조선총독부 관료나 '유지'라 일컬어지는 일본인 사업가들이 먼저였고, 조선인 유지나 단체가 그 뒤를 따르는 모양새를 보인다.

진정 예술을 사랑하고 지원하려는 마음에서건, 남이 하는 걸 보고 따라 하려는 허영에서건, 근대 한국의 궁중에서부터 민간에 이르기까지 서화가를 초빙해 열었던 서화회, 휘호회가 성행한 것은 정책적 차원에서만이 아니라 이런 데서도 이유를 찾아야 하지 않을까. 이 같은 서화회와 휘호회를 통해 당시 사람들은 이전보다 널리 '서화'에 접근할 수 있게 되었다. 물론 다른 접근법도 나타났는데 그에 관해서는 5장에서 자세히 살펴보도록 하겠다.

베이징의 김태석

《일당선고일기》에는 신소설 《혈의 누》를 지은 작가 국초菊初 이인직李人稙(1862~1916)이 1911년 4월 16일 가모식加茂式 석유 한 항아리를 가져와 사용법을 알려 주었던 '비서 이인직'으로, 《서유견문西遊見聞》의 저자 구당矩堂 유길준俞吉濬(1856~1914)이 1911년 5월 9일 집에 놀러 온 '친구 유길준'으로 나온다. 그들 말고도 이완용이 직접 만나고 겸

                    4. 일기 속 이완용의 서화書畫 인연

었던 한국과 일본 근대사의 주요 인물들이 여럿 등장한다.

그중 흥미로운 인연 두 건이 눈길을 사로잡는다. 하나는 직접 만난 건 아니고 편지를 보내 소통한 흔적인데, 그 대상이 제법 놀랍다.《일당선고일기》1911년 4월 30일 기사이다.

> 안승옥安升玉 대감이 내일 태안으로 간다고 하여 작별하였다. ○베이징의 김태석에게 편지를 부쳤다.

안승옥은 1909년 평안남도 일원을 다니며 "일본이 40년간에 태서泰西 문명의 정수를 흡수하여 일약 세계의 강국이 되었다. 한국에 일본인 관리를 채용한 것은 문명을 수입하여 국운의 신장을 도모하고자 하는 것이다"라는 내용의 강연을 했다고《주한일본공사관기록》에 전한다. 이를 보면 일진회一進會 같은 데 크게 관여했던 사람인 모양인데, 일제의 대한제국 강점 이후에도 그럭저럭 지내면서 이완용과 교유한 듯싶다. 그런데 그보다 주목되는 것은 뒤에 나오는 '베이징의 김태석'이다. 김태석, 앞서 잠깐 보았던, 호가 성재惺齋인 서예가이자 전각가 김태석이다.

김태석은 서울 출신으로, 추사 김정희 만년의 애제자였던 소당小棠 김석준金奭準(1831~1915)에게 서화를 배웠다. 그는 특히 전서 글씨와 전각에 능해, 위창 오세창과 더불어 쌍벽이라 일컬어질 정도였다. 일찍이 헌종(재위 1834~1849)이 수집해 보소당寶蘇堂에 보관하던 도장들이 많았는데, 1904년(고종 41) 경운궁의 화재로 사라지고 말았다. 고종이 이를 안타깝게 여겨 도장들을 모각模刻하게 했는데 김태석이 그 작업에 참여했다. 현재 전해지는 헌종 수집 인보집印譜集《보소당인존寶蘇堂印存》은 그런 과정을 거쳐 부활해 세상에 남을 수 있었다.

김태석은 통신사通信司 전화과電話課 주사와 내장원內藏院 공업과工業課 주사, 육군유년학교 교관, 평창 군수 등을 역임한 뒤 1908년부터 15년 넘게 중국에 머무르면서 잡화상을 경영하는 한편 인주국印鑄局 기사와 촉탁, 은행원으로 근무했다. 그러면서 중화민국 초대 총통 위안스카이袁世凱(1859~1916)의 신임을 받아 그의 옥새를 비롯해 많은 인장을 새겼다고 한다. 이완용이 바로 그즈음, 그러니까 신해혁명 직전에 김태석에게 편지를 써서 부쳤던 것이다. 전혀 생각지 못한 두 인물의 펜팔이다(이완용의 일방적 송부였을 수도 있지만).

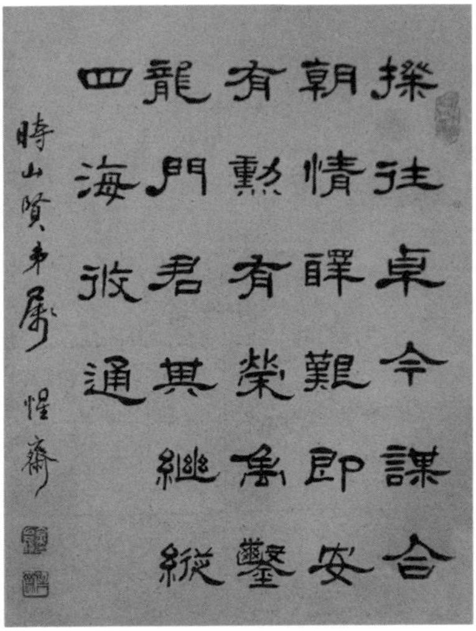

국립중앙도서관과 서울대학교 박물관에는 이완용이 중국

〈그림 14〉 김태석, 〈예서 석문송石門頌〉. 개인 소장.

안둥현安東縣에 살던 백성경白性敬에게 보낸 간찰이 하나씩 소장되어 있다. 이완용이 죽기 일곱 달 전인 1925년 7월 작성된 국립중앙도서관 소장 간찰에서 이완용은 당시 독립군의 3대 맹장으로 꼽히며 광복군 총영 총영장, 정의부 군사부위원장 등을 역임한 오동진吳東振 (1889~1944)을 회유하기 위해 자신이 직접 신의주나 안둥현으로 가서 오동진을 만나겠다고까지 말하며, 그 밑작업을 위해 이석권李錫權이라 는 이를 보내니 협조를 당부하고 있다.

다만 당국(조선총독부—필자 주)에서 어떻게 처치할까 의심한다면, 당국에서 용서할 의향이요 제弟(이완용—필자 주)가 담보하고 힘을 다할 것이니 저쪽이 오로지 믿지 않으면 또한 다시 어찌하겠소이 까. 어차피 저쪽의 두령(오동진—필자 주)과 제가 한번 만남에 의심 할 것이 무엇이오. 조선인의 정도程度가 유치한 까닭이라. 어찌하겠 소이까, 어찌하겠소이까?
—이완용, 〈간찰〉(국립중앙도서관 소장) 중에서

또 8월에 쓴 서울대학교 박물관 소장 간찰에선 회유 공작이 잘 먹 히지 않았음을 한탄하며 독립운동가들을 '우민', 곧 어리석은 백성이 라 폄하하고 있다. 만약 수신인이 김태석이 아닌 다른 사람이었다면, 앞의 '편지'도 아마 이런 내용이었으리라 지레짐작했을지도 모른다.

하지만 김태석은 친일과는 거리가 먼 사람이었다. 1910~20년대 베이징에 머물던 그를 일제 경찰이 '요시찰인'으로 감시한 기록이 여럿 전해지며, 한참 뒤 해방의 소식을 듣고 너무 기뻐 방방 뛰다가 발을 헛디뎌 굴러떨어졌다는 일화도 있다. 그런데 그런 김태석에게 이완용이 편지를 부쳤다? 과연 이를 어떻게 해석해야 할까. 현재 편지 실물이 존재하지 않으므로 여기서부터는 추정의 영역이 될 수밖에 없다.

김태석이 전각의 명인이었다는 점을 염두에 두면, 글씨에 찍을 도장을 주문하는 편지였을 가능성을 우선 제기할 수 있겠다. 앞서 칼럼에서 본 것처럼 이완용은 상당히 많은 전각을 갖고 있었고 작품에 즐겨 사용했다. 김태석이 전각 주문을 크게 가려 받지 않았음은《승사인보乘槎印譜》,《동유인보東遊印譜》,《성재인보惺齋印譜》 같은 그의 인보에서도 엿보인다. 여기에는 동아시아 삼국의 황족부터 정재계 인사, 사회 명사 인장이 많이 실려 있는데, 이완용의 둘째 아들 이항구의 인장도 확인된다.

〈그림 15〉《성재인보》(개인 소장)에 있는 이항구 인장.
이항구는 아버지 못지않은 친일행위로 남작 작위를 얻었으며,
이왕직 예식과장禮式課長과 차관을 역임하여
큰 권세를 누렸다.

이와 관련하여 생각해 볼 만한 사실이 하나 확인된다. 《일당기사》 연보에 따르면 1916년 7월 25일, 이완용이 '이왕비 전하' 곧 순정효 황후純貞孝皇后 윤씨(1894~1966)에게 붓과 먹을 여럿 바친다. 윤씨가 글씨 공부를 하면서 좋은 붓을 찾자 그의 숙부 윤덕영尹德榮(1873~ 1940)이 이완용에게 부탁한 것이다. 이완용은 집에 보관하고 있던 소해양호小楷羊毫 10본本, 사필樝筆 대·중·소 3본, 대필對筆 1본, 먹 12개 를 바쳤다. 그러면서 "베이징에 머무는 친신자親信者에게 각종 붓을 주문하여 구하였다"고 말한다. 여기 등장하는 베이징의 친신자, 곧 '친하게 믿는 자'가 혹 김태석은 아니었을까? 김태석은 서화가였으므 로 필묵을 보는 안목이 여느 사람과 다를 수밖에 없다. 그 안목으로 붓을 골라 보내 달라고 편지로 했을 가능성을 배제할 수 없겠다.

분명한 자료가 나타나지 않는 한 더 이상은 추정하기 어렵다. 하나 분명한 것은 이완용이 베이징의 김태석을 알고 있었다는 사실이다.

경성의 도쿠토미 소호

1911년 이완용이 만났던 일본인 중 거물급으로는 뒷날 일본 총리대 신을 지내는 하라 다카시原敬(1856~1921), 최근 일본 1,000엔권 지폐 모델이 된 의학자 기타자토 시바사부로北里柴三郎(1853~1931) 등을 들

수 있다. 하라 다카시는 1896년 전권공사로 조선에 왔을 때 인연이 있어 교제했다가 1911년 5월 25일 총독관저에서 다시 만났으며, 기타자토 시바사부로는 1911년 2월 25일 경성호텔에서 만났다. 기타자토는 당시 만주에 횡행하던 흑사병 방역법을 연구하러 만주 일대를 다니고 귀국하다가 경성에 들른 길이었다. 참고로 이완용은 미국 물 먹은 외교관 출신답게 《일당선고일기》에서 '호텔Hotel'을 일본식 발음 '호테루'가 아닌 "호틸"로 쓰고 있다. 그런데 이완용은 이들과는 또 다른 의미로 유명한 사람을 만나기도 했다. 일본 근대의 언론인이자 사학자였던 도쿠토미 소호德富蘇峰(1863~1957)다.

"이순신은 이기고 죽었으며 죽고 나서도 이겼다." 충무공 이순신을 좀 안다는 사람이라면 모르는 이가 없다는 문장이다. 이 문장이 도쿠토미 소호가 지은 《근세 일본 국민사》에 나온다. 그의 동생도 당대 문필가이자 평화주의자로 유명했던 도쿠토미 로카德富蘆花(1868~1927)인데, 그는 우리에겐 안중근의 유묵 〈빈이무첨 부이무교貧而無諂富而無驕〉(현재 도쿄 도립 로카기념관 소장)

〈그림 16〉 도쿠토미 소호.

을 애장했던 것으로 알려진 인물이다.

젊어서는 민권운동에 관여했으나 나이가 들수록 군국주의에 깊이
기울어 끝내는 A급 전범으로까지 기소된 인물 도쿠토미 소호. 일본
패망 후 연합군 최고사령부GHQ를 설치해 한동안 일본을 실질적으로
통치했던 미군 사령관 더글러스 맥아더Douglas MacArthur(1880~1964)
는 그를 '일본의 괴벨스Goebbels'라 불렀다. 그런 그를 1910년 9월, 3
대 한국 통감이자 초대 조선총독 데라우치 마사타케가 초빙해 일본어
신문 《경성일보》의 감독 자리에 앉혔다. 요즘으로 치면 이사장이라
해야 할까, 편집 고문이라 해야 할까. 그는 1918년까지 그 자리에 있
으면서 경성과 도쿄를 오가며 살았고, 많은 조선 지식인과 친교를 나
누었다. 그의 흔적이 《일당선고일기》에서도 확인된다. 1911년 6월 25
일의 일이다.

《국민신보國民新報》 사장 도쿠토미 이이치로德富猪一郎를 송별하기
위해 오찬을 한성구락원漢城俱樂苑(취운정翠雲亭)에서 베풀었다. 오
전 11시 반에 가서 참석하여 오후 5시에 돌아왔다.

《국민신보》는 대한제국 말 일진회의 기관지였는데 1910년 10월 폐
간된 상태라 1911년엔 없었다. 아마 이완용이 《경성일보》를 순간 착
각했거나, 도쿠토미 소호가 일본에서 창간했던 《국민신문》과 헷갈렸

던 게 아닌가 싶다. '이이치로'는 도쿠토미 소호의 본명이다. 사람 이름에 '돼지 저猪'가 들어가는 게 이상하게 느껴질지 모르겠는데, 이는 소호의 부친이 그가 계해년, 곧 돼지해에 태어난 것을 기념해서 붙였다고 한다. 그런데 그런 도쿠토미 이이치로, '소봉蘇峯 선생'이 일본에 잠시 돌아가게 되자 취운정(지금 서울 종로구 가회동 한화그룹 회장 자택 자리)에 들어선 당시 관료들의 사교 장소 '한성구락원'에서 송별 오찬

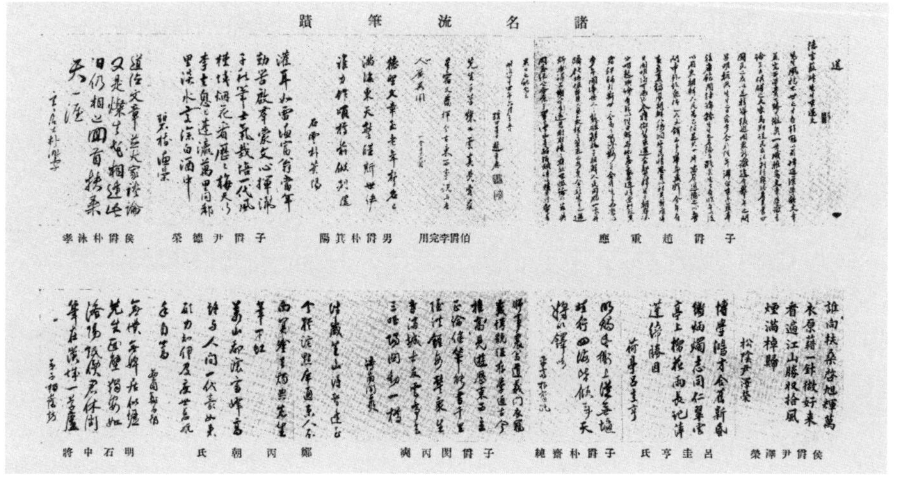

〈그림 17〉 조중응 외, 〈도쿠토미 소호 송별시〉(《양경거류지》 수록 사진).
오른쪽 위 첫 번째부터 조중응, 이완용, 박기양, 윤덕영, 박영효. 오른쪽 아래 첫 번째부터는 윤택영尹澤榮(1866~1935), 여규형呂圭亨(1848~1921), 박제순, 민병석, 정병조鄭丙朝(1863~1945), 아카시 모토지로明石元二郎(1864~1919)의 글씨이다. 일본인인 아카시를 제외하면 모두 조선 사람이며, 또 모두 《친일인명사전》에 수록되어 있다.

198

을 열었고, 이완용이 거기 참석해 한나절 놀고 왔다는 것이다. 그 오찬 자리에 참석한 사람들은 저마다 송별시를 지어 자필로 적고 도쿠토미에게 헌정했는데, 그 면면을 보면 당시 서울 장안의 내로라하는 명사, 다른 말로 친일파들이 총출동했음을 알 수 있다.

이완용과 도쿠토미 소호의 관계는 도쿠토미가 남긴 기록을 통해서도 확인된다. 우선 그가 1915년 발간한 《양경거류지兩京去留誌》라는 책을 보자. 《양경거류지》는 그가 동'경'과 '경'성, 두 '경'을 오가며 보고 겪은 일을 적은 일기 형태의 수필집이다. 1914년 10월 21일, 점점 추워지던 날 박제순 자작이 아베 미쓰이에阿部充家(1862~1936)《경성일보》사장과 도쿠토미 소호를 자기 집에 초대해 오찬을 베풀었다. 그 자리에 이완용이 와 있었다. 이완용은 오찬 자리에 걸어 둔 청나라 서화가 판교 정섭의 풍죽風竹을 돌아보며 도쿠토미와 이런 대화를 나누었다고 한다.

(이완용이 말하기를) "살펴보건대 이건 내 병풍 한 틀이었는데, 변하여 여섯 폭 족자가 되었을 줄은 생각도 못했구려." 내가 말하기를, "비보祕寶를 남에게 빌려주는 것은 진실로 어리석고, 남에게 빌렸다가 돌려주는 것은 더욱 어리석다고 옛사람이 말하였으니, 저는 주인이 어리석은 이가 아니었음을 가상히 여길 따름입니다"라 하니, 온 좌중이 웃음바다가 되었다.

<그림 18> 정섭, <묵죽>.
양주팔괴揚州八怪의 하나로 꼽히는 서화가 정섭은 개성 넘치는 서체와 사군자 그림으로 이름을 떨쳤다. 윤용구, 김규진도 정섭의 서화에 큰 영향을 받았다. 미국 클리블랜드 뮤지엄 오브 아트Cleveland Museum of Art 소장.

―도쿠토미 소호, 《양경거류지》, 〈박 자작저 오찬朴子爵邸午餐〉 중에서

아마 박제순이 묵죽 여섯 폭을 족자로 꾸며 걸어 놓았던가 보다. 이를 보며 이완용이 농담조로 "원래 이건 내 병풍이었는데, 빌려 가서 족자를 만들다니 이를 어찌할까요?"라고 물으니 도쿠토미가 나름의 개그를 펼친다. "글쎄요, 박 자작이 물건을 빌렸다가 돌려주지 않고 갖고 있는 것만 해도 다행 아닐지?"

이어 그들은 집주인 박제순이 내놓은 난정연蘭亭硯과 《흠정서청연보欽定西淸硯譜》를 보며 즐거이 감상의 시간을 가졌다. 박제순은 대한제국 시기 주청공사로 베이징에 오래 머물렀던 중국통이었다. 공사로 재임하던 시절 그는 유리창琉璃廠을 드나들며 제법 중국 골동품을 많이 수집했던 모양이다. 그렇게 압록강을 건너왔던, 청나라 건륭제(재위 1735~1795)가 쓰던 벼루는 지금 어디에 있을까. 다행히도 박제순이 갖고 있던 청나라 황실 소장 벼루의 해제집 《흠정서청연보》는 한국학중앙연구원 장서각에 있다.

글 쓰는 사람이 으레 그렇듯 도쿠토미 소호도 독서와 자료 수집을 즐겼고, 그 내력을 1933년 《성궤당한기成簣堂閑記》라는 책으로 엮어 펴냈다. 거기에도 이완용 이야기가 나온다. 그에 따르면 어느 날 조중응 자작이 장문의 편지를 그에게 보냈는데, 봉투 안에 이완용이 비단에 쓴 "나라에서 지략으론 짝할 이 없는 선비요[國朝謀略無雙士]/ 문단에서

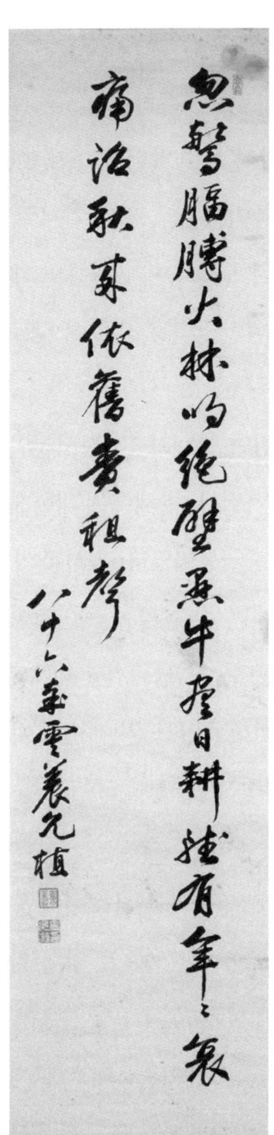

〈그림 19〉
김윤식, 〈행서 칠언절구〉.
1920년. 국립중앙박물관 소장.

문장으론 제일가는 대가로다[翰苑文章第一家]"라는 대련 글씨 한 쌍이 들어 있었다. 이쯤 되면 아첨 아닌가 싶을 만큼 뜻이 너무 크다. 도쿠토미도 "달게 받아들일 수 있는 바가 아니다"라고 했으니 말이다. 그런데 그다음에 더 흥미로운 내용이 보인다. 도쿠토미가 조선 말기 정계의 거물이자 이름난 문인이었던 운양 김윤식과 이완용의 글씨를 비교하여 평한 대목이다.

운양의 글씨는 노경老勁이면서 기골이 있고, 일당의 글씨는 미무媚嫵하고도 수색秀色이 풍부하다.

'미무'란 곱고 아리땁다는 뜻이다. 도쿠토미가 보기에도 이완용의 글씨가 예쁘

긴 했던 모양이다. 하지만 김윤식 같은 꼬장꼬장한 맛이 있다고는 하지 않았다. 참고로 김윤식은 일제의 대한제국 강점 당시 "불가불가不可不可"라는 말로 애매한 태도를 취했고, 조선 귀족 자작 작위를 받았다. 허나 3·1운동이 일어나자 이용직李容稙(1852~1932)과 함께 〈독립청원서〉를 작성해 조선 독립을 주장하여 작위를 박탈당하고 옥고를 치렀다. 그때 이완용은 3·1운동을 '망동'이라 칭하며 조선 민중에게 보내는 〈경고문〉을 무려 세 차례나 작성했다.

1장에서 보았던, 이완용이 일본 승려 하쿠인 에가쿠의 글씨를 본떠 쓴 〈평상심시도〉라는 글씨도 도쿠토미 소호와 관련이 있다. 하쿠인의 서화 도판을 모아 엮은 도록 《백은화상유묵집》을 1914년에 발간한 출판사가 도쿠토미가 세운 민우사民友社였고, 도록의 서문도 도쿠토미가 썼기 때문이다. 1914년이면 도쿠토미가 도쿄와 경성을 오가며 지내던 때다. 어쩌면 이때 도쿠토미 소호가 마침 새로 간행한 《백은화상유묵집》을 이완용에게 선사했고, 이완용이 이를 넘겨보다가 〈평상심시도〉를 보고 어떤 영감을 받았던 것은 아닐까 조심스럽게 추정해 본다. 만약 그렇다면 현재 전해지는 이완용의 〈평상심시도〉는 모두 1914년 이후 작품이 되는 셈이다.

【 사람을 가려 사귀지 않았던 근대 지식인 】

안중식과 이도영은 반일 성향이 강했던 작가로 알려져 있다. 안중식은 일본인들이 많이 살던 진고개(지금의 서울 명동·을지로 일대)에는 발도 디디지 않았다고 전하고, 3·1운동의 여파로 일본 경찰에 잡혀가 혹독한 문초를 받은 뒤 그 후유증으로 숨을 거두었다. 이도영은 오세창이 발간한 《대한민보》에 한국 최초의 시사만평을 그려 일제와 그에 부화뇌동한 친일파—물론 거기엔 이완용도 포함된다—를 거침없이 풍자했다. 그런 이들이 일제가 대한제국을 집어삼킨 지 얼마 안 된 시점, 매국노 이완용을 찾아가 서화미술원에 관해 '장황한' 이야기를 나눈 것이다. 나중 일이지만 이도영은 이완용이 죽자 이문회 회원 자격으로 추도시를 쓰기도 했다.

독상督相의 풍류 해 거듭할수록 깊어지더니

기쁨과 슬픔 무슨 일로 다시 번갈아 찾아왔나

그로 인해 길어진 시회詩會 이제 보기 어려우니

어느 때에 술독 앞에서 마음껏 시를 읊어 보랴

—《일당기사》에 실린 이도영의 이완용 추도시

아니, 천고의 역적과 이렇게 친하게 지낼 수 있다니! 뒷구멍
으로 호박씨 까는 변절자였다고 생각할지 모르겠다. 하지만 생

〈그림 20〉
《대한민보》 1909년 7월 25일 자에
실린 이도영의 만평.
'임이완용 자부상피', 곧 이완용이
자부(며느리)와 사통했다더라는
당시의 소문을 자기 도끼에 등을 찍히는
일꾼의 모습으로 형상화했다.

각보다 이런 사례가 많아서 당대 문예의 움직임을 연구하는 사람들을 난처하게 만든다. 예컨대 조선 말기 한문학 사대가四大家의 하나로 꼽혔던 문필가 창강滄江 김택영金澤榮(1850~1927)은 애국계몽운동에 적극 참여했으나 망국의 기운이 느껴지자 청나라로 망명했고, 이후 독립운동을 지원한다. 그는 안중식과도 교분이 있었다.

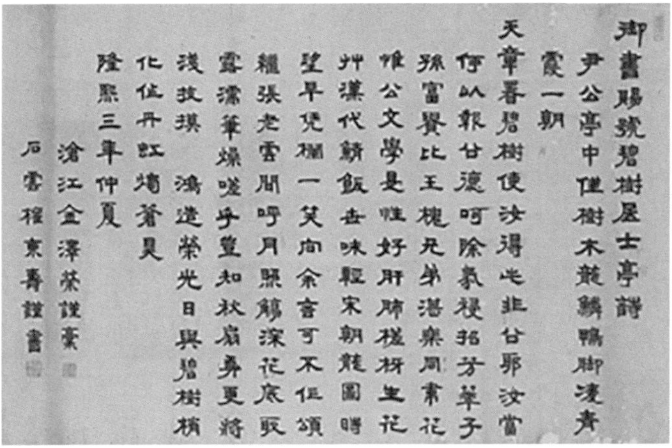

〈그림 21〉 〈벽수거사정도碧樹居士亭圖〉 제시.
김택영이 짓고 권동수가 썼다. 안중식이 그린 〈벽수거사정도〉와 함께 장황되어 있다. 시의 마지막은 다음과 같다. “영화로운 빛 나날이 푸른 나무 끄트머리에[榮光日與碧樹梢]/ 붉은 무지개를 만들어 푸른 하늘을 비추리라[化作丹虹燭蒼昊]”. 벽수는 윤덕영의 호다. 개인 소장.

 〈칼럼 4–사람을 가려 사귀지 않았던 근대 지식인〉

심전 선생을 오래 못 만났다 다시 서로 만났네

술이 얼근해지니 〈귀래도歸來圖〉를 그리겠다네

……

예찬倪瓚(1307~1374)과 황공망黃公望(1269~1354)일랑 삼십

리 뒤로 물러나고

소식蘇軾(1036~1101)과 미불의 혼백 응당 놀라 소리치리

집 앞의 바람과 해 맑은 아름다움 더해가니

복사꽃 웃음짓고 꾀꼬리와 제비 기뻐하오

장대한 경관에 이미 눈동자 속 푸름 더했거늘

기이한 기쁨에 또 숲 속에서 팔뚝을 잡았도다

─김택영, 《소호당시집》 권3, 시, 기유고己酉稿, 〈환국 초에 소

　　운素雲 이원승李源昇이 나를 위하여 심전 안중식에게 〈귀래

　　도〉를 그리기를 부탁하고 나에게 그 일을 읊도록 권하고는

　　석운石雲 권동수權東壽(1842~?)에게 그림 말미에 내 시를 써주

　　도록 청하였다〉 중에서

　그러면서도 김택영은 1909년 잠시 귀국했을 때 윤덕영이

살던 별장 벽수거사정碧樹居士亭에 붙일 기문記文과 제시題詩를

지어 준다. '대갈 대감'이란 별명으로 유명했던 윤덕영은 순종
의 비 순정효황후 윤씨의 큰아버지로 이완용에 맞먹을 만큼 적
극적인 친일파였다(강민경, 〈김택영의 1909년 귀국과 안중식 필
〈벽수거사정도碧樹居士亭圖〉〉).

또 1909년 김택영은 당시 서울에 있던 일본 문인 모리 카이
난森槐南(1863~1911)과도 시 몇 수를 주고받았다. 김택영은 모
리 카이난의 시를 높이 평가하면서, 그의 수준이 중국이나 조
선 시와 견주어도 떨어지지 않는다고 말한다.

> 우주 안에서 성조聲調가 같음은 사람의 성품이 같음과 같다.
> 서양의 시는 내가 알지 못하거니와 일본의 시로 잘 된 것은
> 그 성률聲律의 조화가 중국, 조선과 다르지 않다. 내 일찍이
> 모리 카이난의 시를 보고 그러함을 알게 되었다.
> ―김택영, 《소호당문집》 권8, 〈잡언雜言〉 중에서

모리는 일본 궁내부대신 비서관이었다. 김택영과 만나고 얼
마 뒤 모리는 이토 히로부미의 만주 시찰을 수행하다가 하얼빈
에서 안중근의 총을 맞았다. 그때 안중근의 의거 소식을 들은

 〈칼럼 4-사람을 가려 사귀지 않았던 근대 지식인〉

김택영은 기뻐하며 〈안중근전〉을 지었다 한다.

　이러한 현상을 어떻게 해석해야 할까? 단순히 치욕을 참고 겉으로 '예, 예' 하기만 했다거나, 속없는 사람이었다고 치부하면 간단할 터이다. 하지만 조금 더 깊이 들여다볼 필요가 있다. 정치적 입장이나 국적 문제를 떼어 놓고 보면, 이들은 당대

〈그림 22〉

1930년대 덕수궁 함녕전咸寧殿 뒤에 세워졌던 비(국립중앙박물관 소장 유리건판). 1909년 이토 히로부미와 모리 카이난, 소네 아라스케, 이완용이 지은 합작시를 새겼다. "단비가 처음 내려 뭇 사람 적시니(이토)/함녕전 위에 이슬 꽃 새로워라(모리)/일본과 한국 어찌 다르다 논하리(소네)/두 땅이 일가 되자 천하가 봄이로다(이완용)."

209

를 주름잡던 지식인이었다. 지식인이 서로가 공유하는 관심사를 통해 교유하고 때로 서로의 입장을 살펴 여러모로 도와주는 일, 요즘도 드문 건 아니지 않은가? 1909년 김택영의 사례를 살펴보면 윤덕영을 비롯한 지인들이 귀국 비용을 갹출하는 것은 물론이고 그와 그 가족이 살 집을 마련해 주었다. 귀국한 김택영은 많은 사람과 만나고 시문을 수창酬唱하며 매우 바쁘게 지내고 있었다. 그 시기 김택영의 교유는 신분으로나 관직으로나 꽤 넓은 범위에 걸쳐 있었다. 심지어 국적마저도 넘어섰다. 그것을 가능하게 만든 건 김택영 자신의 글재주였다.

이렇듯 교유 범위가 넓었던 건 김택영에 국한되는 현상이 아니다. 전통적으로 문예는 사람과 사람, 나라와 나라 사이의 교유 수단으로 쓰였다. 예전 연행사나 통신사로 외국에 갔던 이들이 그쪽 사람과 시문을 주고받으며 사귐을 맺은 경우는 물론이거니와, 민족주의의 시대인 근대로 내려와서도 전혀 다른 세계에 살던 이들이 한문을 매개로 친해지는 일은 적지 않았다. 대표적인 사례가 운양 김윤식이다. 그의 문집《운양집雲養集》을 보면 제주, 지도智島처럼 그가 유배 생활을 했던 곳에서 화운和韻한 시뿐만 아니라 청나라 사람과 화운한 시, 일본에 가

〈칼럼 4-사람을 가려 사귀지 않았던 근대 지식인〉

서 일본인 관료나 문인, 서화가와 수창한 시문도 적지 않다. 이른바 '한문 네트워크'의 결과인 셈이다.

사실 이러한 '이시위교以詩爲交', 곧 시문을 주고받으며 친교를 도모하는 일은 일제 식민통치자들로서도 나쁠 게 없는 일이었다. 앞서 3장에서 보았던 사교모임 이문회처럼 그들은 조선의 지배층이 일본에 보다 친밀한 감정을 갖게끔 하는 수단의 하나로 한시를 주고받는 시회를 적극 활용했다. 이를 특히 잘 써먹은 이가 바로 이토 히로부미였다. 이완용이 그의 시를 여러 수 베껴 둔 데서도 알 수 있듯 이토는 한문학에도 취미가 있어 꽤 많은 한시를 지었고, 틈나는 대로 한국 지식인과 한시를 지어 주고받으며

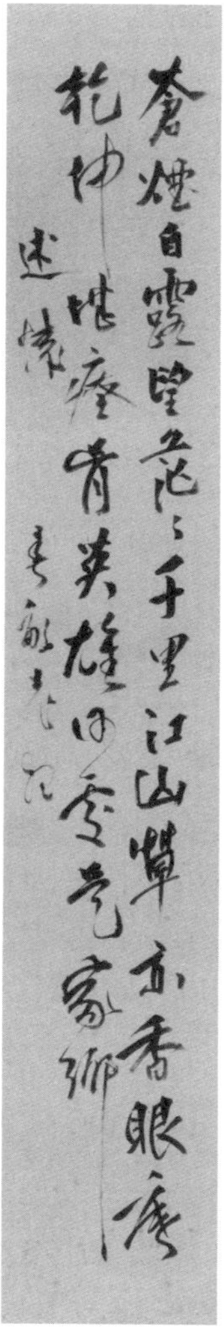

〈그림 23〉 이토 히로부미, 〈행서 칠언절구〉.
개인 소장.

211

친교를 나누었다. 이토 히로부미가 한국 통감 자리에서 물러날 즈음 공식적으로 가진 마지막 행사가 1909년 7월 8~10일 3일간 경복궁, 덕수궁, 창덕궁을 넘나들며 개최한 시회였다. 이 시회에 당시 대한제국의 내로라하는 관료와 문인 53명이 참석해 자신의 시재詩才를 뽐냈다.

이를 두고 근대 초기의 한국 지식인이 힘껏 침략행위에 편승했다거나 마냥 순진했다고 여길 수도 있겠다. 문예가 침략에 이용된 셈이니 말이다. 물론 그렇게 얼빠진 사람도 꽤 있었음은 분명하다. 하지만 그게 다일까. 오히려 근대 한국의 많은 지식인은 자신들이 쓸 수 있는 몇 안 되는 무기이자 동아시아 공통의 언어인 한문학으로 자신의 뜻을 은근히 상대에게 내보이며 이 험한 세상에 대응하고자 했던 것은 아니었을까.

1909년 이토 히로부미를 송별하며 개최된 대규모 시회에 마침 김택영이 참석해 시를 남겼다. 김택영은 이토를 '부상扶桑에 내려온 천선天仙'이라고 치켜세우면서도 "영웅의 기운일랑 잠시 잡아서/ 푸른 연못 흰 돌 옆에나 한가히 두시오"라고 하여 이토가 앞으로는 조용히 자중하기를 권하고 있다. 수나라 우중문于仲文(545~613)에게 "싸움에 이겨 공이 이미 높으니/ 만

   〈칼럼 4-사람을 가려 사귀지 않았던 근대 지식인〉

족할 줄 알고 그치기를 바라오"라고 했던 을지문덕乙支文德이 떠오른다. 예부터 한시의 기능 중 하나로 쓰였던 풍유諷諭(슬며시 나무라며 가르침)이다.

김윤식과 스에마쓰 겐초末松謙澄(1855~1920)의 사례를 살펴보면 이러한 점이 더욱 두드러진다. 스에마쓰 겐초는 이토 히로부미의 사위로 내무대신, 추밀원 고문 등을 역임한 일본 정계의 거물이었다. 1908년 일본에 왔던 김윤식은 스에마쓰와 10일간 여러 수의 한시를 주고받고, 그 이후로도 서신과 시문을 통해 친교를 이어갔다. 그들이 나눈 시의 내용을 보면 스에마쓰는 '동양'의 '대국大局'을 강조하면서 어부지리나 순망치한 같은 고사를 끌어와 일제가 대한제국을 삼키려 하던 당시의 상황을 정당화하려 한다. 반면 김윤식은 한국과 일본이 모두 '군자의 나라'라고 하면서 둘을 대등하게 바라보고 또 대도大道나 위민爲民 같은 유학의 가치를 견지하고 있다. 마냥 부화뇌동하지 않았다는 의미다.

우리 모두 군자 나라에 태어났으니
물이 사이 막았다 한들 어찌 막혔다 하랴

속마음 다 털어놓아 천진함 보인다면

어찌 다른 나라 사람도 친척이 아니랴

—김윤식, 〈장차 도쿄로 돌아오려 하면서 같이 노닌 제현諸賢

에게 드리다〉 중에서

세계에 일어나는 풍운 경계해야 하거늘

이미 경영하는 것은 공중누각이구려

그대에게 부탁하여 길 잃은 이에게 말 전하노니

하늘의 뜻은 방휼蚌鷸의 다툼에 있지 않다네

—스에마쓰 겐초, 〈김 중추中樞가 장차 서쪽으로 돌아가려 함

에 이를 읊어 멀리 부쳐 제금題襟을 대신하노라〉 중에서

김윤식은 스에마쓰 겐초와 만년에 이르기까지 시문 수창을
이어갔지만, 차츰 교유의 빈도를 줄여 가더니 1914년을 전후
하여 아예 서신마저도 끊었다. 이를 스에마쓰가 내세우던, 일
본의 조선 지배를 정당화하는 '동양론'에 김윤식이 대응한 모
습으로 해석한 연구가 있는데(김용태, 〈김윤식과 스에마쓰 겐초의
시문 수창에 대하여〉) 음미해 볼 만한 지적이 아닌가 한다.

　　　〈칼럼 4-사람을 가려 사귀지 않았던 근대 지식인〉

앞서 보았듯 어느 한 나라에 기반을 둔 근대 지식인이 국제적 대화 수단인 한문을 가지고 다른 나라 사람과 대화하며 자신의 뜻을 내세우는 모습은 선배 문인들에게서도 적잖이 관찰된다. 그러나 근대에 이르면 그 의미는 대상에 따라 조금 달라진다. 예컨대 예비 식민지의 지식인이라면, 그들이 만난 상대는 대개 조국을 식민지화하려는 상대국 국민 또는 그에 붙은 매국노였다. 사람 대 사람으로는 얼마든지 친해질 수 있지만, 나라 대 나라의 강약은 당장 어찌할 수 없는 법 아니겠는가. 그런 이들 앞에서 그들을 거스르지 않고도 자기 자신의 뜻, 단순히 음풍농월과 현양顯揚이 아니라 자신을 둘러싼 다양한 현상과 감정을 넌지시 알리고 깨우칠 방법은 역설적이게도 전통 지식인이면 누구나 공유하던 한문학이었다. 이를 염두에 둔다면, 이른바 동아시아 근대 지식인의 교유 과정에서 그들이 남긴 묘한 내용의 시문을 어느 정도는 이해할 수 있지 않을까. 물론 그것을 모두 정당화할 수는 없겠지만 말이다.

5.
근대가
새롭게 보급한
전前근대

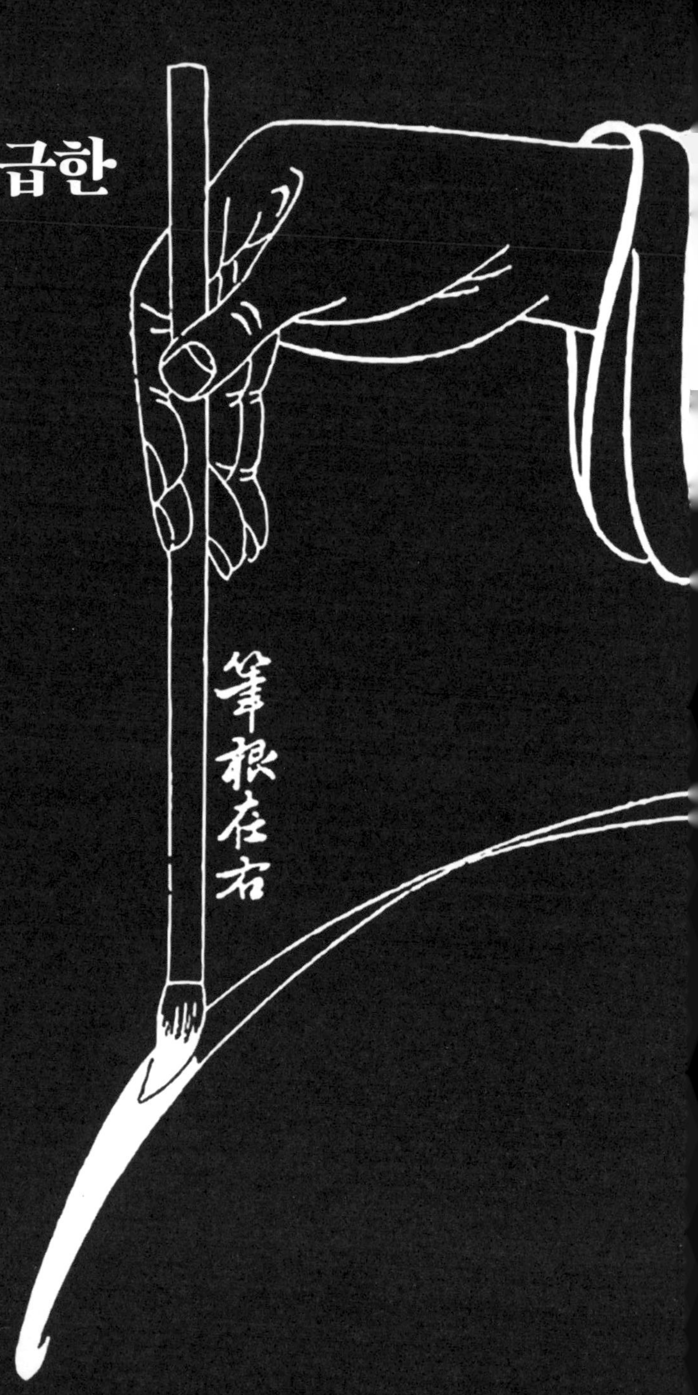

이완용의 서재에 있던 《상미자료》

누군가에게 전혀 필요 없는 것이 다른 누군가에게는 귀한 보물이 될 수 있는 법이다. 그 진리를 몸소 깨달을 수 있는 곳 중 하나가 헌책방이다. 직접 헌책방에 가서 먼지가 풀풀 날리는 책더미를 뒤적이다 보면 이름난 분의 책장에 꽂혀 있던 증정본도 만날 수 있고 지금은 만나보기 불가능해진 이가 친히 사인한 책도 건질 수 있다. 요즘은 인터넷 헌책방도 여러 곳 존재하고, 그런 헌책방 여러 곳을 통합해 키워드만으로 책을 찾아볼 수 있는 누리집도 꽤 있다. 그런 '보물'을 찾아내는 게 대학 입학 후 나의 취미 중 하나였다.

한 10여 년 전쯤이었다. 인터넷 헌책방을 넘나들며 이런저런 키워드를 넣어 보다가 희한한 책을 발견했다. 《상미자료尙美資料》라는 책이었는데, 사진상으로는 누런 비단으로 감싼 표지하며 흑백사진으로 찍은 고화古畫들로 채워진 옛날 느낌 물씬 나는 도록이었다. 값이 그리 비싸지 않아 구매 버튼을 눌렀는데, 며칠 기다려 배송을 받아 보니 그 느낌 그대로였다. A3 크기를 훌쩍 넘는 넓이에, 두툼하게 만든 표지, 금박을 입힌 속지하며, 유산지를 한 겹씩 끼워 넣은 본문……. 일제 때 간혹 발간되곤 한 고급 화보집이나 도록의 모습이 딱 이러하다. 언제 누가 만들었는지는 인쇄되지 않았지만, 국립중앙도서관에서 서지사항을 확인해 보니 가메이 다다지로龜井唯二郎라는 사람이 엮어 상미회尙美會라는 곳에서 1918년 발간했다고 한다. 책표지를 열어 한 장 한 장 넘겨 보니 일본 도쿄, 교토의 유명 사찰과 개인이 갖고 있던 다양한 중국·일본 서화작품 사진에, 기본 정보와 해설을 일본어와 영어로 각각 달아 놓은 호화판 도록이다. 그런데 중요한 건 따로 있었다.

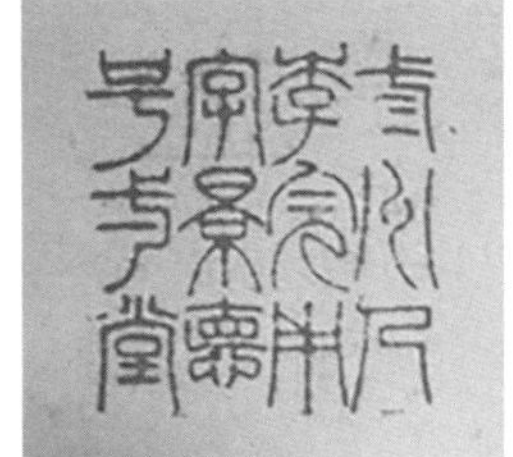

〈그림 1〉
《상미자료》.
필자 소장.

〈그림 2〉
《상미자료》에 찍힌
이완용 장서인.

속표지 한쪽에 희한한 도장 하나가 찍혀 있는 것이었다.

꼬불꼬불한 전서체라 읽기 쉽지 않았지만 "삼주인이완용자경덕호일당參州人李完用字景悳号壹堂"으로 판독된다. 삼주 사람 이완용, 자는 경덕, 호는 일당이라……. 《신증동국여지승람》을 찾아보면 '삼주'는 황해도 우봉현牛峯縣의 다른 이름 중 하나다. 잘 알려진 것처럼 이완용은 우봉 이씨다. 또 그의 자가 '경덕'인 것도 맞고, 호는 당연히 '일당'이다. 한자가 약간씩 다른데, 일壹은 일一의 갖은자라 큰 문제가 아니다. 다만 이완용의 자가 지금까지는 경덕敬德으로 알려져 있었는데, 여기선 경덕景悳이라 한 게 걸릴 뿐이었다.

이 의문은 다른 자료로 풀 수 있었다. 이완용은 1882년(고종 19) 과거에 급제했는데, 그 급제자 명단인 《숭정후오임오경과증광문무과전시방목崇禎後五壬午慶科增廣文武科殿試榜目》을 보면 그의 자를 경덕景德이라 하고 있다. 또 오세창이 한국 역대 명인의 소품 서화를 모아 엮은 《근묵槿墨》의 이완용 글씨 설명 부분에서도 그의 자를 경덕景德이라 했다. 이로 미루어 보면 이완용의 자는 여기 찍힌 도장에서처럼 '볕 경景' 자를 쓰는 '경덕'이 맞다고 여겨진다. 뒷날 알게 된 사실이지만 이 도장은 이완용이 신문에 실은 휘호에도 찍혀 있었다.

사실 책을 샀을 때까지만 해도 별생각이 없었다. "오? 이게 이완용이 갖고 있던 책이었어?"라고 탄성을 지르고 책장 위에 얹어 두고 있을 따름이었다. 몇 번 이사 다니면서도 그저 보관하고 있을 뿐이었는

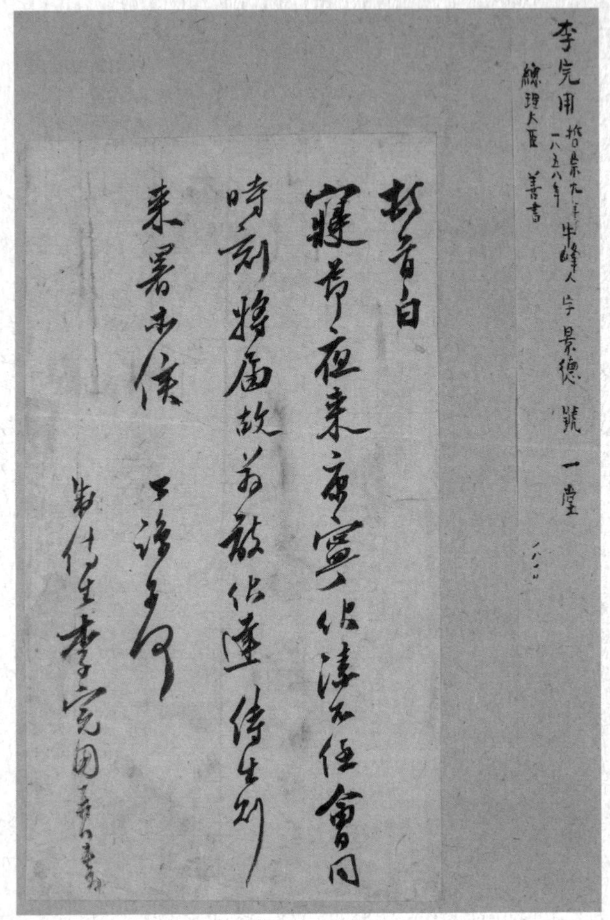

〈그림 3〉 이완용 간찰《근묵》(성균관대학교 박물관 소장) 수록).
오른쪽에 오세창이 설명을 붙였는데, 그는 여기서 이완용의 자를 '경덕景德'이라 하고
《근역서화징》에서와는 달리 "글씨를 잘 썼다[善書]"는 수식을 덧붙였다.
간찰 내용은 다음과 같다. "머리 조아려 아룁니다.
잠자리 안부가 밤사이 평안하셨는지 궁금함을 감당할 수 없습니다.
회동 시각이 장차 다가오므로 이렇게 감히 삼가 아룁니다.
저는 관청에 와서 기다리고 있으니, 아시기 바랍니다.
제시생制侍生(상중에 있는 본인) 이완용 재배 돈수."

데, 이 책을 쓰면서 다시 꺼내 살펴보니 그 자체로 흥미로운 물건이었다. 단순히 이완용이 보던 책이어서가 아니다. 옛 서화를 그대로 찍은 사진을 윤기 나는 양지洋紙에 인쇄해 엮어 만든 '도록'이라서다. 도록, 이는 근대 들어 동아시아에 등장한 사진 기술과 서양식 제지술, 인쇄술이 발전한 후에 존재할 수 있는 책이었다. 그러한 새 기술이, 옛 문화의 그림자를 남기는 데 쓰인 것이다.

도록의 등장과 보급

조선 시대에 '도록'이란 《정감록》처럼 "앞날의 길흉을 예언하는 술법, 또는 그런 내용을 적은 책"을 의미했다. 그러나 지금 국립국어원의 《표준국어대사전》을 보면 '도록'의 풀이 첫 번째는 "내용을 그림이나 사진으로 엮은 목록"이고, 위의 풀이는 네 번째로 밀려났다. 이는 근대 들어 일본 단어 '즈로쿠図録(ずろく)'의 의미를 받아들인 결과이다. 지금 우리가 박물관 또는 미술관에 가서 살 수 있는 '도록'은 바로 그렇게 작품의 사진과 설명을 많이 실은 책을 가리킨다.

중국에서는 송대宋代에 《선화박고도宣和博古圖》 같은 책이 있었다. 《선화박고도》는 송 휘종(재위 1100~1126)이 수집했던 중국 고대 청동기 839점의 그림을 싣고 그 크기, 명문 등을 붙인 책이다. 이는 고증

학이 유행하던 청대淸代에 계승되었다. 특히 건륭제 시절 궁중에 수장된 벼루와 도자기를 입체적으로 그리고 해제를 붙인 목록이 유명하다. 《고씨화보顧氏畫譜》나 《개자원화보芥子園畫譜》, 《십죽재서화보十竹齋書畫譜》처럼 그림 공부를 위해 옛사람들의 작품 특징을 모아 목판으로 찍어 만든 책도 적지 않다. 일본에서도 에도 시대에 골동품 감식을 위해 고물古物의 생김새와 특징 등을 그려 목판으로 인쇄한 책들이 꽤 있다. 비교적 오늘날의 '도록'에 가까운 책들이다. 그러나 이런 책은 수요자가 황제 또는 서화에 관심이 있는 사대부 정도로 한정된다. 그러니 많이 만들 이유가 없어 귀했다. 게다가 물건의 모양을 일일이 손으로 베끼거나 목판에 새겨 인쇄한 터라 필연적으로 원래 형태와는 달라질 수밖에 없었다.

이 같은 상황은 근대로 접어들면서 크게 바뀐다. '사진'과 서양식 인쇄술이 동아시아에 들어온 것이다. 일단 사진이란 실물을 그대로 찍어 내는 만큼 직접 그리거나 목판화로 사물을 본뜨던 예전에 비해 훨씬 세밀한 부분을 살필 수 있게 되었다. 이를 구현하는 인쇄술도 이전과는 달라졌다. 유리판에 젤라틴을 바른 뒤 사진 음막陰膜을 벗겨 내서 빛을 비춰 인쇄하는 콜로타이프Collotype, 돌판 위에 지방묵脂肪墨으로 글씨나 그림을 그리고 약품 처리 후 물을 적시고 기름기 섞인 잉크를 발라 인쇄하는 석판石版 인쇄, 거기서 발전해 금속 인쇄판에 잉크를 칠하고 고무 롤러를 돌려 그 잉크를 종이에 묻게 하는 오프셋 프린팅

　　　　　　　　　　　　　　　　　　　5. 근대가 새롭게 보급한 전前근대

offset printing이 등장한 것이다. 이를 활용해 작품 원본의 형태를 구현한 영인본이 나타나는가 하면, 《상미자료》나 《백은화상유묵집》처럼 작품 사진을 책 속에 넉넉히 담은 도록이 출현했다.

조선의 상황은 어땠을까? 당연하게도 근대의 물결이 조선이라고 비껴 가진 않았다. 1900년대 초부터 《한국사진첩》 같은 생활풍속 사진첩뿐만 아니라 《조선국보대관朝鮮國寶大觀》, 《조선고적도보》, 《이왕가박물관소장품사진첩》 같은 박물관 도록, 조금 더 시간이 흐르면 《조선미술전람회도록》이나 《조선남화원도록朝鮮南畵院圖錄》처럼 미술 전시회에 출품된 작품을 모은 도록이 적지 않게 출간된다. 《이왕가박

〈그림 4〉《조선고적도보(2)》(1916년 초판). 개인 소장.
〈그림 5〉《이왕가박물관소장품사진첩(하)》(1918년 재판). 개인 소장.

물관소장품사진첩》의 경우 1912년 초판이 나오고 6년 뒤 재판을 찍을 정도로 인기가 있었다. 두꺼운 도록뿐만 아니라《박물관진열품도감》같은 얇은 팸플릿도 여러 차례 발간되었는데 여기에도 박물관을 대표하는 소장품 사진이 반드시 들어갔다.

이는 당대 한국 지식인들에게도 영향을 끼쳤다. 1915년 1월, 당시에도 고서화 수집과 연구로 이름 높았던 위창 오세창을《매일신보》기자가 찾았다. 천여 점이 넘는, 이왕가박물관에서도 보지 못한 희귀한 고서화를 실컷 본 그는 인터뷰 도중 오세창에게 한 가지를 권유했다. 바로 그가 소장한 고서화의 '사진판 출판'이었다.

기자는 (오세창) 씨에게 이를 사진판으로 출판하여 조선의 고미술을 동호자에게 할애함을 권유하였고 씨도 이 계획이 있어 그 기회를 엿보는 중이라 하며 우선 그 목록을 정리 출판하여 서화 동호자의 참고자료에 공供하리라더라.
–《매일신보》1915년 1월 13일 자 기사〈별견서화총瞥見書畫叢〉중에서

조선 고서화를 "사진판으로 출판"해 동호인에게 제공하자는 말은, 이미 그런 사례를 여럿 보았기 때문에 가능한 발상이었을 것이다. 예컨대 1920년대에 심전 안중식의 작품 흑백사진을 모아 간행한 것으로 추정되는《심전화보心田畫譜》(김달진미술자료박물관 소장)가 전해진다.

1922년 설립된 고미술품 경매 회사 경성미술구락부에서도 경매 출품 작을 흑백사진으로 찍어 도록을 발간했는데, 57권까지 모았었다는 조선백자 수집가 박병래의 증언으로 미루어 볼 때 1년에 3회 이상은 펴낸 듯하다. 이는 일본 도쿄미술구락부의 선례를 따른 것이다.

1938년에는 한국 최초의 원색 화집으로 일컬어지는 《오지호吳芝湖·김주경金周經 이인화집》이 한성도서주식회사에서 나왔다. 오지호 (1905~1982)와 김주경(1901~1981)은 이 책을 낸 후 굶고 다녔다 한다. 하지만 늦어도 1930년대, 그리고 그 이전에 이렇게 개인도 자기 작품을 도록으로 만들 수 있을 만큼 근대식 사진 인쇄 출판의 인프라가 조

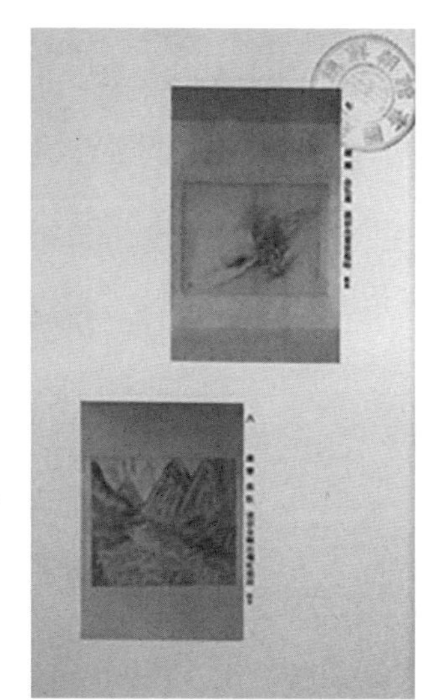

〈그림 6〉
《서화병조선도기전관매립書畵並二朝鮮陶器展觀賣立》(부분).
1930년대 경성미술구락부 경매 도록이다.
흑백사진으로 김홍도와 정선鄭敾(1676~1759)의
산수화가 실려 있다. 국립중앙도서관 소장.

선에 자리를 잡고 있었다. 또한 이렇게 인쇄된 도록이 (물론 고위층이나 지식인 중심이기는 했으나) 관심 있는 사람들에게 퍼져 옛날 물건이나 이름난 서화를 바로 곁에서 들여다볼 수 있게 해 준 것이다. 이는 분명 사람들이 옛 작품의 왜곡되지 않은 이미지를 볼 기회가 드물었던 과거와는 다른 양상이다. 이완용의 서재에 있던 《상미자료》는 그런 사실을 다시금 일깨워 주었다.

시골 선비의 책상에 놓인 왕희지 친필

도록뿐만이 아니다. 어쩌면 사람들, 특히 글씨 쓰는 이에게 더 큰 영향을 끼쳤을 것이 있으니 바로 법첩法帖이다. 역대 명인의 글씨를 돌이나 나무에 새겨 탁본한 뒤 엮어 만든 법첩은 예부터 글씨 공부의 수단이자 감상의 대상이었다. 그러나 이 또한, 근대 이전에는 귀한 물건이었다. 《순화각첩淳化閣帖》 같은 법첩이 황실에서 만들어져 신하들에게 하사되었다는 사실만 봐도 알 만하지 않은가.

시간이 흘러 그것을 다시 나무판에 새겨 만든 번각본翻刻本들이 양산되긴 했지만 수요를 다 채우기엔 한계가 있었다. 게다가 번각에 번각을 거듭하면 원래 글씨에서 꽤나 벗어날 가능성이 컸고, 위작이 섞여 들어갈 위험도 컸다. 김정희가 선배 원교 이광사를 비판한 근거의

　　　　　　　　　5. 근대가 새롭게 보급한 전前근대

하나가 그것이었다.

시험 삼아 논한다면 〈악의론樂毅論〉은 이미 당나라 때부터 진본을 본뜬 모본模本은 얻기 어려웠고 〈황정경黃庭經〉은 우군右軍(왕희지)의 글씨가 아니며 〈유교경遺敎經〉은 곧 당나라 경생經生의 글씨요 〈동방삭화상찬東方朔畫像贊〉과 〈조아비曹娥碑〉는 그것이 어느 본에서 나왔는지 모르니, 서가로서 안목을 갖춘 자라면 곧장 유식자有識者가 말하지 않을 것으로 여길 뿐이고, 《순화각첩》은 진짜와 가짜가 뒤섞인 동시에 마구 번와翻訛되어 가장 표준으로 삼을 것이 못 된다.
—김정희, 《완당 선생 전집阮堂先生全集》 권6, 제발題跋, 〈원교필결 뒤에 쓰다[書圓嶠筆訣後]〉 중에서

베이징을 다녀오고 또 거기 사람들과 교류하며 중국 명비名碑 탁본을 섭렵한 김정희에게, 이광사가 조선에서 봤던 법첩이 성에 찼겠는가.

〈그림 7〉
목판으로 새겨 찍은 〈황정경〉 법첩(부분).
국립중앙박물관 소장.

그래서 김정희는 법첩의 오류를 조목조목 지적한 끝에 이렇게 이야기한다. "(이광사가) 고금 법서法書의 선본善本을 얻어 보지 못하고 또 대방가大方家에게 나아가 바르게 나아가지 못하고 다만 하늘이 내려준 품성의 초이超異함만 가지고서 그 교만한 견해를 세우며 헤아릴 줄 몰랐으니 …… 만약 선본을 얻어 보고 또 유도有道에게 나아갔던들 그 하늘이 내려준 품성으로써 이에 국한되고 말았겠는가."

이광사도 당대 명문 출신이었지만, 그가 조선에서 볼 수 있었던 건 오랜 세월이 흘러 진품 여부도 분명치 않게 된 글씨를 나무에 새겨 찍은 법첩뿐이었다. 이광사가 죽은 뒤 태어난 김정희는 '시대의 한계'를 고려하지 않은 오류를 범하긴 했지만 이광사를 비판한 이유는 분명했다. 진짜 글씨나 탁본이 아닌 엉터리 법첩을 보고 글씨를 익혔다는 것.

그러나 근대에 들어서면 상황은 달라진다. 사진을 찍어 영인 출판하는 기술이 등장하자, 기존의 법첩은 물론이고 이전엔 상상도 할 수 없던 명인의 진짜 글씨를 원래 모습 거의 그대로 찍어 간행할 수 있게 된 것이다. 게다가 이전보다 훨씬 싸게 만들 수 있었다. 공급을 감당할 수요도 충분히 있었다. 기존의 유학자나 서가뿐만 아니라 미술 전람회 출품을 노리는 사람들, 정신 수양을 위해 글씨를 쓰려는 사람들에게 법첩은 꼭 필요했다. 특히 조선미술전람회에 출품하는 경우 옛 글씨를 임모한 작업이 입선 이상에 오르는 일이 많았으므로, 스승이 써 주는 체본 못지않게 보고 쓸 법첩이 꼭 필요했다.

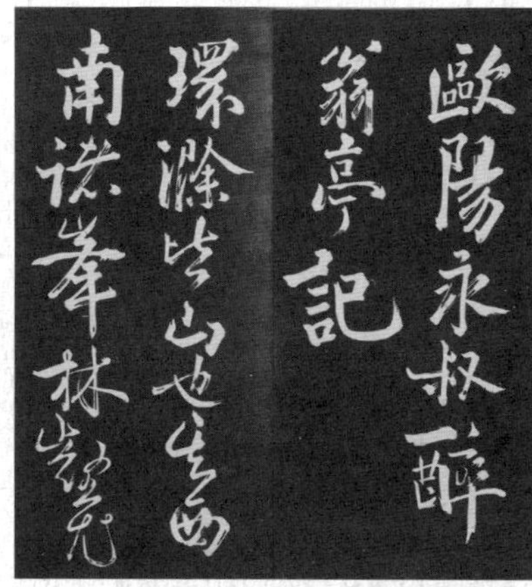

〈그림 8〉
김석익이 갖고 있던 소식 글씨
〈취옹정기醉翁亭記〉 법첩(부분).
국립제주박물관 소장.

〈그림 9〉
이완용이 갖고 있던《서악화산묘비》법첩(부분).
고려대학교 도서관 소장. 오른쪽 여백 중간쯤에
이완용 도장이 보인다.
ⓒ이수연

이러한 정황은 지금도 전해지는 근대 법첩들을 통해 알 수 있다. 국립제주박물관에는 제주 출신 한학자이자 한의사, 역사학자였던 심재心齋 김석익金錫翼(1885~1956) 유물이, 국립전주박물관에는 김제 출신 서화가인 이당彝堂 조병헌趙秉憲(1876~1938)과 일악一嶽 조송趙崧(1895~1974) 부자의 유물이 대량 기증 또는 구입되어 전한다. 그런데 그중 근대에 영인되거나 석판으로 인쇄 발간된 법첩이 많이 확인된다. 중국, 일본, 조선, 이른바 동아시아 삼국에서 발간된 그 법첩 글씨의 주인공들도 왕희지, 소식, 하소기, 등석여鄧石如(1743~1805) 같은 중국인뿐만 아니라 한호, 김정희 같은 한국인, 마키 료우코卷菱湖(1777~1843), 라이 산요賴山陽(1781~1832) 같은 일본인까지 다양하다. 김석익과 조병헌-조송 부자는 지역에서 시서화로 이름을 얻은 명사였지만 그 명성이 전국적인 것은 아니었다. 그런 시골 선비들의 책상에 왕희지 친필(의 복제품)이 놓일 수 있었다. 그렇다면 이완용같이 서울 사는 대감님네들은 어땠겠는가. 실제 이완용이 자기 도장을 찍은 수택본手澤本 동기창 법첩《동향광초서습자첩董香光草書習字帖》이 한국학중앙연구원 장서각에, 역시 그의 도장이 찍힌 한나라 비석 법첩《서악화산묘비西嶽華山廟碑》가 고려대학교 도서관 화산문고에 소장되어 있다.

조금 더 지나면 글씨 진본 또는 탁본을 영인하여 도록처럼 엮은 전집류가 등장한다. 헤이본샤平凡社에서 1930년에 나온《서도전집書道全集》27권이 대표적이다.《서도전집》은 동아시아 삼국 명가의 글씨 사

5. 근대가 새롭게 보급한 전前근대

진을 상고시대부터 근대에 이르기까지 시대순으로 정리하여 편찬한 전집이었다. 이 책은 조선에도 별 시간차 없이 들어왔다. 일중 김충현과 여초如初 김응현金膺顯(1927~2007) 형제가 어렸을 때 보면서 글씨 공부를 했던《서도전집》이 지금도 일중 김충현 기념사업회 소장으로 전해지는데, 얼마나 열심히 살펴봤던지 몇몇 책은 겉이 엄청 닳았다.

조병헌의 스승 석정石亭 이정직李定稷(1841~1910)은 어느 날 제자가 왕희지와 안진경 법첩을 구했다는 소식을 듣고 "한 번 보여 주길 간절히 바라네"라는 편지를 보냈다. 그는 또 동기창 글씨를 모사해 만든 서첩을 보고 거기에 "천하의 보배"라고 제발을 달았다. 그랬던 시절이 있었는데《서도전집》 같은 전집류가 출간되다니, 얼마나 글씨 공부하기 좋아졌는가.

이런 현상을 보면 '근대'의 의미를 다시 생각하게 된다. 일본 메이지 시대의 폐불훼석廢佛毁釋이라든지 중국 민국시대《신청년》 잡지가 주도한 신문화운동 같은 사례를 들어, 동아시아의 '근대'가 '전근대'를 마냥 부정하며 일어섰다고 말할 사람이 있을지 모르겠다. 그러나 다른 한편으로, 전통 예술이나 사상, 문화가 더 빠르게 사회 저변에 보급되고 각인될 수 있었다는 점도 잊어서는 안 될 것이다. 물론 그것은 전통 그대로는 아니었다. 고고학 발굴이나 역사 연구를 통해 새롭게 드러나 재해석되고 재평가된, 이른바 '만들어진 전통'이었다. 서화 또한 예외라 할 수 없다. 흑백사진 도록이나 석인본 법첩은, 잊힌

지 오래라 당시 많은 사람에게 전통이라고 아직 인식되지 않았던 것을 본받아야 할 범본이자 예부터 면면히 내려온 '전통'으로 여기게 했다. 역사의 흐름이 뒤바뀌던 근대, 오히려 전통의 재해석과 재평가가 늘어난다는 사실은 이전부터 지적되어 왔다. 그렇다면 근대가 '근대 이전'을 더 조장했다고 할 수도 있지 않을까?

스스로 법첩을 만든 김규진

출판 분야만 하더라도, 전근대의 출판 방식인 목판인쇄나 탁본은 사진과 석판인쇄 등이 등장한 이후에도 사라지지 않았다. 그 말인즉슨, 근대 시기에도 (물론 일제의 검열은 받아야 했지만) 목판으로 법첩 같은 것을 얼마든지 인쇄 발간할 수 있었다는 의미이다.

그래서인지 이즈음 조선에서 글씨 공부용으로 발간한 '목판본' 서적이 적지 않다. 초서를 익혀 편지를 잘 쓰기 위한 《초천자草千字》, 《초간독草簡牘》도 그렇고, 회동서관滙東書館 같은 서점에서 안진경과 구양순 글씨를 판각해 출판 판매하기도 했다. 이런 시대의 흐름에 민감하게 반응했던 서화가가 있었으니 바로 해강 김규진이었다.

김규진은 차별받던 평안남도 출신이었음에도 일찍이 청나라에 유학해 서화 예술을 체득했고, 고종과 귀비 엄씨의 신임을 받아 영친왕

5. 근대가 새롭게 보급한 전前근대

이은에게 서화를 가르치기도 했다. 그런 그는 법첩을 근거로 공부하는 걸 넘어 스스로 법첩을 만들어 냈다. 그는 《(독학)서법진결》, 《육체필론六體筆論》, 《해강난보海岡蘭譜》·《해강죽보海岡竹譜》 같이 글씨 쓰는 법, 난초 치는 법, 대나무 치는 법을 직접 쓰고 그려서 목판 또는 석판으로 인쇄해 책으로 엮어 팔았다. 지금 봐도 매우 친절하게 서화의 기초를 알려 주는 책들이다. 그래서인지 당시 인기가 대단해서, 《해강난보》 같은 경우는 1916년 초판이 나온 뒤 1918년 새롭게 꾸민 재판이 발간될 정도였다.

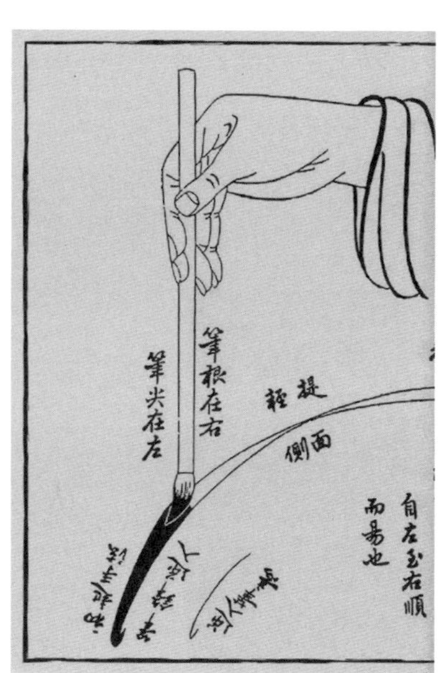

〈그림 10〉
《해강난보》의 한 부분.
붓을 쥐고 난잎을 치는 법을
그림으로 보여 주고 있다.

사진과 측량 같은 기술에도 손을 대고 직접 화랑을 경영하면서 대중의 취향을 겨냥한 작품을 여럿 생산 판매하는 등 '근대 서화가'라는 이름에 걸맞게 살았던 김규진, 그도 이완용과 무관한 사이가 아니었다. 조선미술전람회 서부 심사를 같이했음은 물론이고, 김규진의 그림에 이완용이 화제를 쓴 것도 더러 전해진다. 앞서 이완용이 쓴 《천자문》을 살펴본 바 있는데, 1922년에 석판으로 인쇄 발간되는 그 《천자문》의 제첨을 김규진이 쓰기도 했다. 전서와 예서를 섞은 듯 묘한 필치다. 이완용이 본문에서 쓴 근엄하고 각 잡힌 해서와 썩 맞지는 않아 보이지만, 일본식으로 꾸민 책 표지와는 제법 어울린다.

이야기가 약간 샜지만, 어쨌거나 1910~1920년대 조선에 살던 지식인들은 서화에 대한 관심이 적지 않았고 관련 자료에 목말라 있었다. 시장에서는 그런 움직임에 기민하게 대응했다. 이 같은 대응의 끝판왕이라 할 수 있는 책이 바로 1926년 발간된 《해동역대명가필

〈그림 11〉
이완용 《천자문》(영남대학교박물관 소장) 표지.
김규진의 제첨이 붙어 있다.

5. 근대가 새롭게 보급한 전前근대

보海東歷代名家筆譜》이다. 《해동역대명가필보》는 한남서림翰南書林이라
는 서점을 경영하던 심재心齋 백두용白斗鏞(1872~1935)이 고조선 신
지神誌 문자부터 백당白堂 현채에 이르기까지 한국 4,000년간 고금명
가古今名家의 필적 700여 점을 모아 목판에 새겨 6책 1세트로 펴낸
법첩이다. 책마다 수록한 사람의 간략한 전기를 수록한 뒤 그들의
필적을 순서대로 나열했다. 지금 살펴보면 진위가 의심스러운 글씨
도 제법 있지만, 현재 실물이 전해지지 않는 작가의 작품이 많아 한
국 서예사 연구의 필수 자료다. 서문과 발문에 따르면 이 책의 발간
은 백두용이 부친의 뜻을 따라 한국 붓글씨의 계보를 정리하는 데

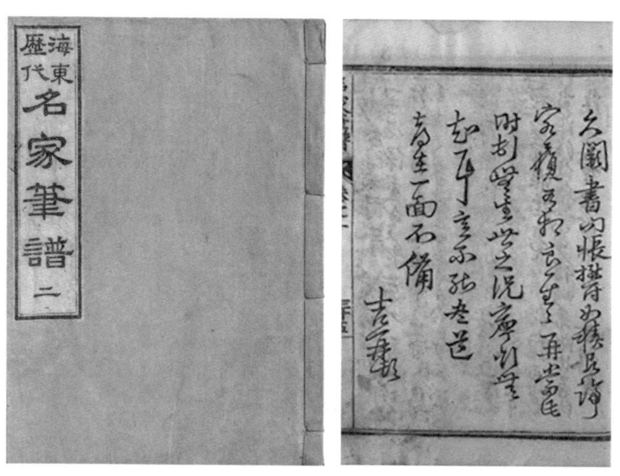

〈그림 12〉《해동역대명가필보(2)》. 개인 소장.
〈그림 13〉《해동역대명가필보》에 수록된 야은冶隱 길재吉再(1353~1419)의 필적.

목적이 있었지만, '여러 군자'에게 보여 주려는 뜻도 있었다. 이러한 자료에 대한 대중의 수요가 꽤 있었음을 방증하는 간행 취지다.

다만 한 가지, 이는 공짜가 아니었다. 《해동역대명가필보》만 해도 그냥 배포한 책이 아니라 엄연히 한남서림에서 정가를 매겨 판매하던 책이었다. 그것도 백지, 백지 차품次品, 개량지改良紙 3종으로 나누어 값을 각각 다르게 매겨 팔았다. 판권에 찍힌 가격은 6~10원이었는데, 이 무렵 한 달 신문요금이 1원, 은행원 초봉이 50원이었으니 제법 고가였다. 정가를 붙여 책을 팔았다는 것, 이 또한 근대의 풍경이었다.

고금서화古今書畫는 박물관과 전람회에서

아무리 좋은 도록이 나오고 법첩이 나오고 영인본이 나오더라도 실물을 보는 것만은 못하다. 게다가 이 시기에는 사진이 대부분 흑백사진이었기 때문에 서화의 미묘한 색채 같은 걸 알려면 도록만으로는 불가능했다. 실물이 필요했다. 그러면 도록이 나오기 전 조선 시대 사람, 특히 양반이나 중인은 실제 서화작품을 어디에서 볼 수 있었을까?

작가에게 직접 받는 경우가 아니라면, 작품을 소장한 곳에 가서 보여 달라고 사정하는 방법이 있었겠다. 하지만 좋은 작품은 대개 궁중

5. 근대가 새롭게 보급한 전前근대

이나 세도가에게 들어가기 마련이었기 때문에, 그런 곳과 줄이 닿는 경화사족京華士族이 아니면 양반이라도 실물 열람은 불가능에 가까웠다. 앞서 잠깐 언급했듯 조선 후기 들어 서울 광통교 일대에 서화를 파는 상점이 들어선다. 초창기에는 각색 민화 위주였기 때문에 지식층의 취향과는 약간 거리가 있었지만, 차츰 궁중이나 몰락 양반가에서 흘러나온 서화가 거래되기 시작한다. 그러나 오늘날의 화랑 같은 시설이 등장하여 상류층이 드나들기까지는 시간이 조금 더 필요했다.

〈그림 14〉 창경궁 이왕가박물관 건물(《경성번창기京城繁昌記》(1915) 수록 사진).
제실박물관의 후신으로, 정조(재위 1776~1800)가 어머니 혜빈 홍씨(1735~1815)를
모시기 위해 지었던 자경전慈慶殿 터에 1911년 세웠다. 1938년 이왕가박물관이 덕수궁으로
이전한 뒤 왕실 도서를 보관하는 장서각으로 쓰이다가 1992년 철거되었다.

서화첩《석농화원石農畵苑》을 만들었던 석농石農 김광국金光國(1709~
1783)이나 열세 차례나 연행길에 나서며 중국 서화와 탁본을 모았던
역매 오경석 같은 중인 수집가가 없지는 않았다. 하지만 그들의 소장
품이라 하더라도 아무나 가서 "거 좀 보여 주시오" 하며 볼 수는 없었
고, 동호인들이 약속을 잡고 일정한 장소에 모여 고서화를 감상하는
정도에 머물렀다.

이완용도 이런 풍조에서 크게 벗어나진 않았다. 그는 개인적으로 서
화를 수집했는데, 거실 왼쪽에 일본식 방을 짓고 서가書架를 만들어 수
집품 중 좋은 것을 진열해 즐겼다고 한다.《일당기사》에는 고서화를 즐
겼던 수집가이자 감상가 이완용의 모습이 여러 차례 등장한다. 한번은
그가 상하이에 망명했던 조선 말기의 대신 원정園丁 민영익閔泳翊(1860~
1914)의 아들을 찾아갔다. 민영익이 수집했던 작품을 아들이 많이 갖고
있다는 이야기를 접하고는 약속을 잡고 간 것이다. 이완용은 작품들을
감상하고 칭찬을 아끼지 않다가 자신이 갖고 있던 우암尤庵 송시열宋時
烈(1607~1689)의 작품 10점과 흥선대원군의 글씨 한 쌍을 내어 주고 대
신 민영익이 구장舊藏하던 추사 작품 석 장을 가져왔다. 또 다른 어느
날에는 안영기安永基라는 사람의 집을 방문했다. 그가 중국인 아무개에
게서 왕희지, 당 태종(재위 627~649)과 현종(재위 712~756), 소식과 조맹
부趙孟頫(1254~1322) 같은 이들의 진묵眞墨을 사들였다는 소식을 듣고는
구경하러 간 것이다.

          5. 근대가 새롭게 보급한 전前근대

조선에서 서화 골동으로 대표되는 '작품'은 특정 계층, 특정 인물들이 독점하는 물건이었다. 이런 현상은 유럽에서도 어느 나라를 막론하고 18세기 이전엔 모두 비슷했다. 하지만 19세기 말~20세기 초가 되면 사정은 바뀌기 시작한다. 후쿠자와 유키치福澤諭吉(1835~1901)가 말한 바 "세계의 물산, 고물, 진품을 모아 사람들에게 보여 주고 견물見物을 넓히기 위해 설치한" Museum, 곧 '박물관'과 '전시' 개념이 영국, 미국과 일본을 거쳐 알음알음 한국 지식인에게 알려지게 된 것이다. 결국 이 개념은 단순한 개념 차원에 머무르지 않고 현실의 한국에서 구현된다. 그 시발점이 바로 1909년 창경궁에 설치된 제실박물관帝室博物館이었다.

이 제실박물관의 설립 과정에도 이완용이 등장한다. 《이왕가박물관소장품사진첩》 서문에 따르면, 1907년 11월 당시 대한제국 총리대신 이완용과 그의 서형庶兄인 궁내부 대신 이윤용李允用(1854~1939)이 궁내부 차관 겸 제실재산정리국장 고미야 미호마쓰를 만났다. 거기서 둘은 고미야에게 "새 황제께옵서 이 궁전(창덕궁)으로 옮겨 오시어, 새로운 생활에 취미를 느끼게 하도록 모든 시설과 설비를 하기 바란다"라고 부탁했다. 이에 고미야는 아이디어를 냈다. 동물원과 식물원, 그리고 박물관의 창설이었다.

사실 1907년 이전부터 일제는 한국에 박물관을 짓는 방안을 검토하고 있었다. 을사늑약 체결과 군대해산 등으로 민심이 흉흉했던 당시, 일제의 '보호'로 한국이 '문명화'되고 있음을 보여 주는 시설이 필요했던 것이다. 그중 하나가 조선의 과거를 보여 주는 공간인 박물관이었다. 그러던 차에 이완용 형제가 구체적인 박물관 설립에 명분을 제공한 셈이다.

제실박물관은 창경궁의 여러 전각을 활용해 다양한 문화유산을 전시하고 1909년 11월부터는 일반인에게도 널리 공개한다. 일제의 대한제국 강점 이후엔 '이왕가박물관'이 되어 조선의 옛 물건과 일본 근현대 미술품을 다량 수집하고 전시하는 한편 도록으로 엮어 공개하기도 한다. 이런 모습은 1915년 12월 설립된 조선총독부박물관도 크게 다르지 않았다. 사람들은 이제 옛 서화를 보러 박물관을 갔다. 특정 계층이 아닌 이들도 박물관에서 유리장 너머 고완古翫을 눈으로 볼 기회를 얻었다.

이뿐만이 아니었다. 3장에서 조선미술전람회 이야기를 잠깐 했지만, 일제강점기에는 그것 말고도 미술작품을 일반 대중에게 보여 주는 전람회가 적잖았다. 이미 1905년 무렵부터 재조선일본인 화가들이 서울에서 개인전을 열었으며, 4장에서 자세히 이야기했듯 1910년대에는 미술인 단체인 경성서화미술원이 서화를 전시하고 있었다. 몇 가지만 더 들어보면 1907년 서울 구리개(지금의 을지로 남쪽) 인근에서 열린 경성박람회나 1915년 경복궁에서 개최된 조선물산공진회의 '미술관'에서도 석불石佛, 도자기 등 온갖 '미술품'을 전시했고, 같은 해

〈그림 15〉 김기창金基昶(1913~2001), 〈고완古翫〉.
《제18회 조선미술전람회도록》수록 사진,
1939년 제18회 조선미술전람회 무감사 특선작. 소장처 미상.
ⓒ 석지훈

인 1915년에는 《조선신문》을 발간하던 신문사에서 서화미술전람회를 개최하여 일본과 중국의 "각종 고적서화"를 전시했다. 1919년 12월에는 김규진이 만든 미술인 단체 서화연구회에서 미쓰코시三越 오복점吳服店(포목점)을 빌려 김규진과 그 제자들의 작품을 대거 전시했으며, 1920년대부터는 서화협회 회원들의 출품작을 전시했던 서화협회전—이른바 '협전協展'—뿐만 아니라, 작가들이 전국 방방곡곡을 다니며 즉석에서 그림을 그려 파는 즉매회卽賣會, 개인전도 적지 않게 열리고 있었다. 사람들은 박물관이 아닌 그런 곳에 가서도 명인의 글씨나 그림을 볼 수 있었고 살 수도 있었다.

1920년대만 하더라도 대개 이런 전람회는 학교 강당이나 공회당, 다방, 백화점 같은 곳을 빌려서 작품을 걸고, 관람객들이 서서 보고 슥 지나가는 식으로 진행되었다. 아무래도 '전시'에 적당하진 않았다. 이는 조선총독부가 주관했던 조선미술전람회의 경우도 다르지 않

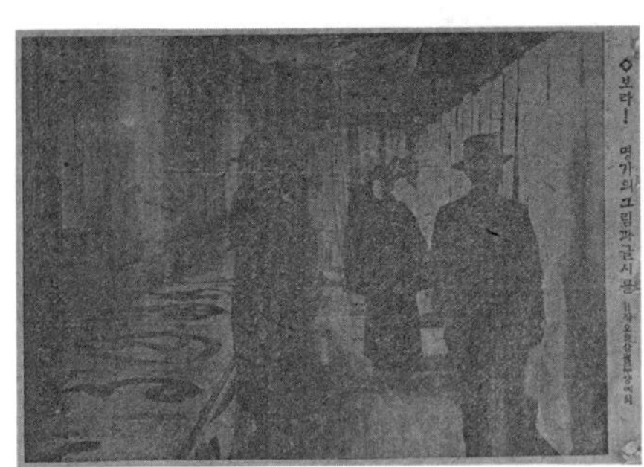

〈그림 16〉
《매일신보》 1919년 12월 6일 자에 실린
서화연구회의 '서화전람회' 사진.
《매일신보》에 따르면 이완용도 이 전람회를
관람했다고 한다. 사진 제목이 압권이다.
"보라! 명가의 그림과 글씨를."

았다. 1930년대 경복궁 안의 가건
물을 활용하기 전까지는 전람회
를 개최할 때마다 총독부 상품진
열관이나 조선총독부도서관을 전
전해야 했다.

　백화점 이야기가 나온 김에 덧
붙여 말하자면, 일본에선 1907년
오사카와 도쿄의 미쓰코시 백화
점에 '신미술부'가 설치되어 거기
서 생존 작가의 서화와 각종 공예
품을 팔기 시작했다. 기념품을 구
하는 외국인이나 집안을 꾸밀 것
을 찾는 사람들을 겨냥한 곳으로,
몇 차례 전시를 개최해 큰 성공을
거두었다. 이에 1914년 10월 낙성
한 미쓰코시 신관 5층에는 아예
미술품 상설전시장이 들어선다.
각종 미술품을 진열하고 팔았던

〈그림 17〉
《조선일보》 1926년 3월 28일 자에 실린
〈멍텅구리 세계 일주〉(50) 서화전람회 편.
당시 보성고보 강당에서 열린 제6회
서화협회전에 사람들이 '구경' 가던
모습을 생생히 보여 준다.

이 널찍한 공간을 이과회二科會 같은 외부 단체가 대여해 미술 전람회를 비롯한 굵직한 전시를 여럿 치르기도 했다. 미쓰코시뿐만 아니라 다른 백화점도 이런 공간을 만들어 '미술'을 대중에게 가깝게 다가오게 했다.

그럼 이러한 움직임은 식민지 조선에 없었느냐? 그렇지 않다. 앞서 서화연구회 전람회가 열렸던 미쓰코시 오복점은 1906년 개설된 미쓰코시 백화점 경성출장소였다. 1929년 미쓰코시는 경성출장소를 경성지점으로 승격시켰고, 1930년에 새 건물(지금의 서울 구 한국은행 본관 앞 신세계백화점 본점)을 올려 본격적으로 백화점을 경영했다. 오복점

〈그림 18〉 〈경성 미쓰코시 신관 어안내御案內〉.
미쓰코시 백화점 경성지점 건물 단면도로, 5층 맨 오른쪽 백화점 깃발 아래에 '갤러리'가 보인다. 국립민속박물관 소장.

시절에도 이따금 전람회가 열렸던 미쓰코시는 진짜 백화점이 되면서 아예 전람회를 위한 공간을 만들었다. 영화 〈암살〉의 배경이 되기도 했던 미쓰코시 백화점 경성지점, 그 5층에 '갤러리'가 있었다. 이후 미나카이三中井나 조지야丁字屋 같은 다른 일본 백화점 지점, 종로의 화신백화점에도 '갤러리'가 생겼다. 이런 상설화된 전시공간은 그 자체로 근대미술사에 상당히 큰 의미를 가진다. 일본에서처럼 1930~1940년대 조선의 백화점 갤러리에서도 미술품 판매뿐만 아니라 전람회를 비롯한 많은 행사가 열리게 된 것이다.

> 인물화의 독특한 수법으로 이름 있는 이당 김은호 화백과 산수화로 이름 있는 의재 허백련 화백은 최근 수년 동안의 연작 70여 점을 모아서 오는 18일부터 사흘 동안 부내府內 남대문통 미쓰코시 오복점 누상樓上에서 공동 전람회를 개최한다는데 일반 관람은 무료라 한다.
> —《동아일보》 1932년 7월 12일 자 기사

화랑 그리고 경매장

박물관과 전람회 덕분에 사람들이 서화 실물에 접근할 기회는 이전에 비해 늘어났다. 하지만 또 다른 기회는 없었을까. 미술작품을 판매하

는 화랑도 없지는 않았다. 일제의 대한제국 강점 이전인 1900년 무렵
에도 서울에서 상인 정두환鄭斗煥이 열었던 서화포書畵鋪, 1906년 수암
김유탁이 서울 대안동大安洞에 설립한 수암서화관守巖書畵館, 1908년에
매하梅下 최영년崔永年(1856~1935)이 조석진과 같이 설립한 한성서화
관漢城書畵館 등이 있었다. 특히 수암서화관은 1908년 12월 8일 자《황
성신문》에 실은 〈취지서〉에서 "법서法書와 명화名畵를 갖추어 모으고
아울러 쌓아 두어 나라 안 첨군자僉君子의 구매와 열람에 공급하되"라
고 하여 자못 근대적인 화랑의 면모를 보였다. 하지만 이들 화랑은 그
리 오래가지 못한 듯하다.

경술국치 열흘 전《황성신문》에 김가진, 오세창, 안중식, 이도영 등

〈그림 19〉《황성신문》 1906년 12월 8일 자 1면에 실린 〈수암서화관 취지서〉.

246

이 종로 YMCA 건물 지하에서 '서화포'를 열기 위해 협의 중이라는 기사가 실린 일도 있었다. 강제병합으로 인해 흐지부지되었는지 구체적인 결과는 알 수 없지만, 서화가들이 직접 서화를 전문으로 파는 가게를 내서 장사를 하려 했다는 점이 이채롭다. 이외에도 1900~1910년대 서울 지물포와 만물상 등에서 서화를 상품으로 취급하고 있었음이 당시 신문광고에서 확인된다. 광고를 보면 이들 상점에서 파는 서화는 대부분 길상吉祥의 뜻을 담은 기명절지器皿折枝나 도석道釋, 화조花鳥, 십장생을 주제로 한 것이었다. 조선 시대 화공들이 세화歲畫 같은 민화를 그려 팔던 지전의 전통이 그때까지도 아직 유지되고 있었음을 보여 준다.

1913년에는 김규진이 자신이 운영하던 천연당사진관天然堂寫眞館 건물에 '고금서화관'을 개설했다. 여기서 그는 자신을 비롯한 당대 여러 인물의 서화작품과 고서화, 현판, 서화 재료를 진열하고 판매했으며, 주문을 받아 작품을 표구해 주는 것은 물론이고 묘비 같은 석물을 만드는 공장을 세우기까지 했다. 김규진의 이 고금서화관 사업이 어찌나 번창했던지 1914년엔 평양에 지점을 내기까지 했다.

하지만 이 시기까지만 해도 화랑이란 글씨나 그림만이 아니라 도자기, 민속품 같은 것들도 같이 취급했고 표구업도 겸업하는 등, 일반인이 가서 작품을 보는 전시공간으로서의 의미는 별로 없었다. 진정한 의미의 상업화랑은 우경友鏡 오봉빈吳鳳彬(1893~?)이 1929년 서울에 개

설한 조선미술관을 기다려야 했으며, 그나마도 상설 전시는 불가능했
다. 참고로 이 조선미술관은 1930년대에 조선 고서화를 주제로 굵직
한 기획전을 여러 차례 열어 호평을 받았으며, 경성 부민관府民館(지금
의 서울특별시의회 청사)을 빌려 1940년 개최한 '십대가산수풍경화전十
大家山水風景畵展'처럼 당대 서화가를 조명하는 노력도 아끼지 않았다.

요즘은 저마다 가격을 제시하여 가장 높은 값을 부른 이가 물건을
갖는 경매가 참 익숙하지만, 이건 사실 우리에게는 낯선 제도였다.
1909년 무렵 나온 《대한민보》를 보면 경매를 신래성어新來成語, 곧 일
본에서 새롭게 들어온 단어로 소개하고 있다. 이렇듯 일제의 대한제

〈그림 20〉 1910년대 할리-데이비슨 오토바이를 타고 서울 시내를 누비던 개신교 선교사 윌리
엄 노블William A. Noble(1866~1945)과 엘머 케이블Elmer M. Cable(1874~1949). 그들의 옆에 '서
화포', 곧 글씨와 그림을 팔던 가게가 보인다. Image courtesy of The General Commission on
Archives and History of The United Methodist Church, Madison, New Jersey.

248

국 강점 무렵까지만 하더라도 외래어에 가까웠던 '경매'는 이후 조선 사람들에게도 익숙해진다. 1906년부터 고려청자를 위주로 몇 차례 경매가 열렸고 이후 삼팔경매소三八競賣所라는 것이 생겨 조선과 중국 골동품을 주로 팔다가 1919년 무렵 없어졌다. 그러나 1919년이면 이미 조선 전역에 고미술품 경매소가 20곳이나 되었다.

사실 이러한 경매는 당시 성행했던 고분 도굴로 갑자기 늘어난 고고 유물을 쉽게 처분하기 위한 목적이 컸다. 하지만 그것을 공적인 평가를 받는 상품으로 삼아 사회에 공개하고 체계적으로 유통하게 되었다는 의미도 있었다. 이런 분위기를 이어받아 1922년에는 경성에 조

〈그림 21〉
《경성미술구락부 창업 이십년기념지京城美術俱樂部創業二十年記念誌》에
실린 경성미술구락부 회관. 지금의 서울 중구 퇴계로의
호텔 프린스 서울 자리에 있었다.

선 고미술품을 전문으로 경매하는 일본인 골동품상의 연합주식회사 경성미술구락부가 세워졌다.

경성미술구락부에서는 정기적으로 회원 간의 소장품 교환이나 경매를 개최했는데, 이때 거기 나오는 작품을 구락부 회관에 전시하고 볼 기회가 있었다. 여기 회원이 되면 조선 사람도 경매 참여가 가능했다. 그러나 회원 대부분은 일본인 골동품상이었으므로, '그들만의 잔치' 이상이 될 수는 없었다. 간송 전형필 같은 이도 직접 참여한 게 아니라 일본 골동품상을 세화인世話人(대리인)으로 낀 후에야 경성미술구락부에서 물건을 구할 수 있었다. 다시 말해 여기에서 좋은 서화를 공개할 때 직접 보는 건 가능했지만, 아무래도 여러 가지 제약이 많았던 것이다. 이완용이 서화를 누리던 시절은 아직 그런 시대였다.

서점 한쪽에 고서화를 쌓아 두고

당시 사람들이 서화를 직접 볼 수 있던 중요한 장소 하나가 바로 서점이다. 서점이라면 책 파는 곳 아니냐고 할지 모르겠는데, 이완용이 살던 시절 '서점'은 단순히 책을 파는 걸 넘어서는 복합 문화공간이었다. 조선 시대에는 기본적으로 책의 출판과 유통을 국가가 관리하고 책값이 비쌌기 때문에 서점이 활성화되기 어려웠다. 18세기 들어 돈을 받고 책을 '빌려주는' 세책점貰冊店이 등장하고, 책사冊肆 또는 서사書肆라는 이름의 민간 서점이 이따금 운영된 적은 있었다. 하지만 조선에 본격적으로 책을 '찍고' '팔기' 위한 서점이 나타난 건 근대에 들어서면서부터였다.

《해동역대명가필보》를 발간한 백두용이 경영했던 한남서림은 고서古書 전문 서점이었다. 훗날 전형필이 이 한남서림을 인수해《훈민정음》을 비롯한 국보급 고서를 여럿 입수하게 되지만, 그 이전에도 한남서림은 옛책과 함께 서화를 매매하고 있었다.

고서적상이면서 후에 출판도 겸하였던 '한남서림'은 우리나라 고서화로 이름난 것은 헤아릴 수 없는 것이 없었다고 전한다. …… 그 집이 넘겨지던 날 다락 속에서 나온 책과 서화는 헤아릴 수 없을 만큼 많았고 그 가운데는 유명한 '단원檀園', '겸재謙齋' 등의 작품이 적지 않았다고 하며 …….
—《동아일보》1962년 5월 7일 자 기사 〈고서화 머물던 한남서림〉 중에서

전형필이 한남서림을 인수할 당시 정리한《서적목록》이 지금 간송미술문화재단에 있는데, 이를 보면 서화가 604점이나 된다. 이것도 서화첩이나 간찰첩을 뺀 수치라니,《해동역대명가필보》의 바탕이 되

〈그림 22〉《해동역대명가필보》에 실린 한남서림.
지금의 서울 종로구 관훈동 18번지에 있었다. 가운데 앉아 있는 인물이 백두용이다.

는 그 숱한 명인의 시고와 간찰들을 백두용이 어떻게 손에 넣을 수 있었는지 알 법도 하다. 이는 한남서림만의 특수한 경우가 아니었다. 일제강점기 '서점'에서 새 책과 헌책, 고서와 서화를 모두 사고팔았던 사례는 일일이 거론하기 어려울 만큼 많이 확인된다. 1920~1930년대 고본점古本店(헌책방)의 대표 격으로 신문에 소개되곤 했던 경성 본정本町 2정목丁目(지금의 서울 충무로 2가) 소재 군서당서점群書堂書店의 예를 들어보자. 군서당서점은 오세창, 최남선崔南善(1890~1957), 홍이섭洪以燮(1914~1974) 같은 당대 대학자들이 단골로 드나들던 서점이었다. 훗날 숭실대학교 한국기독교박물관에 소장품 일체를 기증했던 수집가 김양선金良善(1907~1970) 목사의 회고를 살펴보자.

책을 사러 책방을 드나들기도 어언 35년, 김씨(김양선—필자 주)의 얼굴은 지금 환하다. "일제 때 지금 충무로 자리에 군서당이란 서점이 있었죠. 돈만 있으면 여기서 책도 많이 샀습니다. 그때 최씨라는 주인이 있었는데 그때 돈으로 천오백 원이나 주고 산 것도 있답니다." 감회에 빠진 듯 상기되어 이야기하는 김씨에 의하면 그때 구입한 고가의 책은 양요洋擾 때 장군에게 작전 명령을 친필로 시달한 대원군의 밀지密旨라는 것이란다. 지금도 그의 방 액자에 그 일부를 달아놓고 있는데 이것도 이제는 다른 데서 찾아볼 길이 없다면서 묘한 웃음을 담는다.

—《경향신문》 1966년 3월 14일 자 기사 중에서

기와집 한 채 값인 1,500원을 주고 서점에서 흥선대원군의 간찰첩을 구매해 기뻐하던 김양선 목사의 모습이 눈에 선하다. 이처럼 그 시절 사람들은 서점—특히, 헌책방이나 고서점—에 가서 고서를 보는 한편 서화, 주로 근대 이전의 고서화를 감상하고 또 살 수도 있었다. 화랑의 역할을 이런 서점이 대신했다고도 할 수 있는 셈인데, 부작용이 없지는 않았던 듯하다. 출처 불명의 서화, 장물贓物이 서점을 거쳐 거래되곤 한 것이다.

시내 종로경찰서 사법계 형사 3~4명은 재작再昨 10일 오후 4시경에 시내 무교정武橋町 11번지 자작子爵 박부양朴富陽의 집에서 그 집 하인으로 있는 최윤기(22)를 체포하는 동시에 시내 모모처에서 그에 연루된 이희상 등을 검거하여 종로경찰서로 잡아들이고 취조를 행하는 동시에, 한편으로 시내 본정 2정목 군서당이란 일본인의 고서적점에 이르러 다수의 조선 고서와 서화 등을 압수하여다가 산같이 쌓아 놓고 엄중히 취조하고 있다고 한다. …… 최윤기는 박 자작 집 하인의 아들로 그 집에 있는 터인데 그 집 서고 안에는 다수의 고서적이 있는 것을 알고 …… 그와 같은 많은 서적을 꺼내다가 함부로 팔아먹은 것이라는데, 그 서적과 서화첩은 모두 구할 수 없는 귀중한 것으로 그중에는 대원군, 고종태황제, 순종효황제의 친필이며 기타 각 귀족, 명사, 문무대신이며 중국에서 왔던 사신의 서간 등 필적을 모아놓은 서첩도 있어서 실로 그 가격은 수만 원어치가 되리라 하더라.

—《동아일보》 1927년 7월 13일 자 기사 중에서

박부양(1905~1974)은 바로 박제순의 아들이다. 박부양의 집에 선대로부터 내려오는 서화와 고서가 엄청 있었는데, 그중 상당수를 하인이 친구와 짜고 훔쳐서 군서당서점에 팔아넘긴 것이다. 주목되는 건 당시 압수한 고서와 서화가 '산같이' 쌓일 정도였고 그 평가액이 '수만 원'에 달했다는 사실이다. 이는 군서당서점이 많은 양의 고서

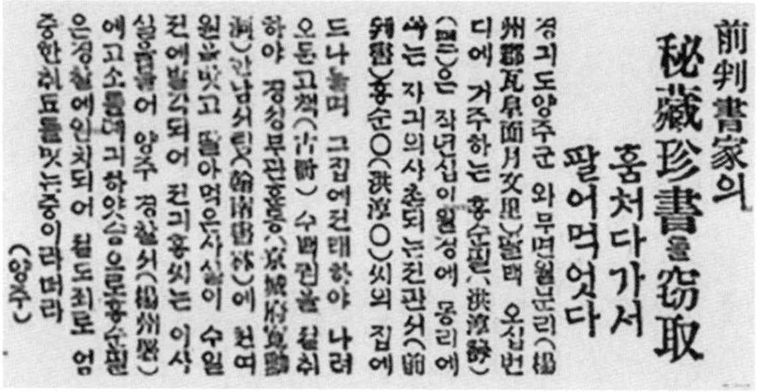

前判書家의 秘藏珍書를 窃取

훔처다가서 팔어먹엇다

경긔도양주군 와부면월문리(楊州郡瓦阜面月文里)팔백 오십번디에 거주하는 홍순필(洪淳泌)은 작년십이월경에 동리에 사는 자긔의사촌되는전판서(前判書)홍순○(洪淳○)씨의 집에 드나들며 그집에전래하야 나려오든고책(古冊) 수백권을 절취하야 경성부관훈동(京城府寬勳洞)한남서림(翰南書林)에 천여원을받고 팔아먹은사실이 수일전에발각되어 권리홍씨는 이사실을들어 양주 경찰서(楊州署)에고소를뎨기하얏슴으로홍순필은경찰에인치되어 절도죄로 엄중한취됴를밧는중이라더라 (양주)

〈그림 23〉《조선일보》 1929년 8월 28일 자 기사.
전직 판서 집을 드나들며 고서 수백 권을 훔쳐다 한남서림에 팔아넘긴 사람이 경찰에 체포되어 취조를 받고 있다는 내용이다. 그 사람은 집주인의 사촌이었다.

와 서화를 입수하고 되팔 능력이 있었다는 이야기이기도 하다.

이 기사는 일제강점기 당시 서점이 어떻게 고서와 서화를 조달해 거래했는지도 엿보게 해 준다. 장물을 팔러 오는 사람이 있었고, 서점에서는 그걸 사서 다시 원하는 사람에게 팔았다. 16세기부터 존재하며 책을 찾는 개인과 파는 개인을 이어 주던 도서 중개상 책쾌冊儈, 서쾌書儈도 여전히 활동했다. 이들은 이 시기엔 고택古宅에서 나온 희귀본을 문인이나 학자들에게 구해다 주거나 서점, 도서관에 납품하는 식으로 영업했다. 이성의李聖儀(1902~1965) 같은 책쾌는 아예 직접 서점을 차려 희귀본을 모으기도 했다.

지방 양반가를 다니며 서화 골동을 수집해 서울에 가져와 서점이나 골동품상, 개인 수집가에게 파는 장사꾼도 많았는데, 이를 일본어로 '가이다시買い出'라 했다. '가이다시'가 어쩌다가 거물급 작품을 구하면 그걸 살 수 있는 수집가를 물색했는데, 거기에 다리를 놓아 주는 중개자, 일본어로 '나까마仲間' 역할을 맡은 것도 주로 골동품상 아니면 서점이었다. 겸재 정선이 그린 금강산 화첩《해악전신첩海嶽傳神帖》이나 현재 심사정의 〈촉잔도권〉 모두 서점을 거쳐 전형필의 수중에 들어갔다. 최근 간송미술문화재단에서 공개한 전형필의 1936~1938년《일기대장日記臺帳》을 보면 당시 서점에서 다양한 서화 골동을 취급했던 정황이 더 분명히 확인된다.

(1936년) 1월 17일 현재 〈산수도권山水圖卷〉 대금

*문광서림文光書林 (2,000원)

……

(1937년) 7월 20일 단원 영모翎毛 팔폭병차八幅屛次

*문광서림 (1,500원)

……

(1938년) 5월 5일 〈고장古欌〉 2개 단원 화각畫刻

*문광서림 (300원)

……

(1938년) 5월 13일 〈고문갑古文匣〉 2점 골동 대금

*문광서림 (90원)

……

(1938년) 8월 12일 〈이조진사각수적李朝辰砂角水滴〉 대금

*문광서림 (3,784원)

— 전형필,《일기대장》중에서

　재미있는 건 이러한 작품의 구舊 소장자들이다. 앞에서도 이야기했지만, 조선 시대에 서화를 즐기며 모으던 이들은 대개 높은 지위에 있던 사대부나 부유한 중인이었다. 그러나 일제강점기가 되면 그 자손들은 거의 다 몰락의 길을 걷고, 더러 부귀를 유지하더라도 작품의 가치

를 제대로 인식하지 못하는 상황이 된다. 이완용 못지않은 매국노 조선 귀족 송병준이 갖고 있던 겸재의《해악전신첩》이 면장을 지내던 그 손자 대에 이르러 불쏘시개로 쓰일 뻔했다는 일화가 그러한 풍경을 압축적으로 보여 준다. 당시의 서점, 책쾌, '가이다시'는 이런 정황을 정확히 판단했고, 다양한 방법으로 옛 수집가의 자손으로부터 많은 서화와 고서를 얻어 내 새로운 수요층으로 떠오른 이들에게 중개했다.

이완용이 아껴 지니고 있던 서화와 고서들은 이후에 어떻게 되었을까? 앞서 살펴봤던 이완용 구장《서악화산묘비》법첩의 운명이 그 단서가 된다. 이 법첩은 서점 화산서림華山書林을 경영하던 책쾌 이성의가 갖고 있다가 그의 사후 1972년 고려대학교 도서관에 기증되었다. 언제였는지는 몰라도 옥인동 19번지 담장 바깥으로 흘러나온 이완용의 책 일부를 이성의가 구해 두었고, 그 하나가 이렇게 남은 것이다. 나머지도 아마 필자의 책장에 꽂힌《상미자료》나 장서각에 들어간《동향광초서습자첩》처럼 새 주인들을 차례차례 찾아갔을 터이다. 책만 이렇게 나왔을까. 그가 평소 보고 즐기던 서화나 전각, 골동도 어느 순간 다 새 주인을 만나게 되었으리라.

【이완용 후작의 거실 풍경】

이완용의 전기 《일당기사》에는 〈언행잡록〉이라 해서 그가 평소 했던 말과 행동 등을 정리한 항목이 있다. "천도天道는 춘하추동과 같아서 이를 변역變易이라 이르니라"로 시작하는 이완용의 처세 철학 또는 자기변명이 실려 있는가 하면, 삼시 세끼를 규칙적으로 챙겨 먹고 조선요리보다는 서양요리를 좋아했다거나 겨울밤이 되면 《논어》를 읽으며 시간을 보냈다는 등 그의 사적 생활상도 꽤 엿볼 수 있다.

그중 지금의 서울 종로구 옥인동 19번지에 있던 이완용의 집, 대지 3,000여 평에 이르던 그 고대광실 안에서 그가 평소 많은 시간을 보내고, 《상미자료》와 《서악화산묘비》가 꽂혀 있기도 했을 거실의 풍경을 적어 놓은 대목이 눈에 띈다. 현대 우리말로 옮겨 보면 다음과 같다.

거처하는 곳은 늘 조용하였는데, (저택) 모퉁이에 있는 일본
식 4~5칸 되는 방을 썼다. 어릴 적부터 방 안에 화분 종류를
두지 않고 오직 몇 그루 무성한 소나무 따위를 창밖에 심어
두었으며, 방 안에는 깔고 앉을 포단蒲團(부들방석) 몇 개와
일본에서 만든 사각형 책상 하나, 방 중앙에는 중국에서 만
든 큰 벼루(길이는 소척小尺 1척 남짓, 너비는 7~8촌) 하나가
있었다. 방 한 모퉁이에는 신구 서적 약간, 각 사회잡지, 신
문, 전보 통신 같은 것이 있고, 다른 한 모퉁이에는 여러 사람
으로부터 글씨를 요청하는 편지 또는 비단, 종이 따위가 쌓여
있었다. 문설주 위에는 주문공朱文公(주자)의 필법을 모사해
만든 '일당'이란 글씨 편액이 가로로 길게 걸려 있었다.

〈그림 24〉
《매일신보》 1913년 12월 5일 자에
실린 이완용 집 사진.

          〈 칼럼 5-이완용 후작의 거실 풍경 〉

그림으로 그리는 것이 가능할 만큼 구체적이다. 아마 책상 위엔 독서를 위한 석유 등불 하나는 있었겠고 저 옆엔 중요한 문서를 넣어 두는 문갑도 있지 않았을까. 또 평소 "서예에 노니는 것"을 가장 좋아하던 이완용답게 수집한 필묵지연筆墨紙硯과 도서석圖書石(도장 새기는 돌)이 여럿 있었으리라. 이완용은 거실 왼쪽에 따로 일본식 방을 만든 뒤 거기 "소규모의 도서실"을 차려 이를 완상하곤 했다 한다. 이런 방 안에서 그는 글씨를 쓰고, 책을 읽으며, 서화와 문방사우를 감상하며 지냈다. 그러다 손님이 오면 응대하며 차도 마시고, 창문을 열어 바람

이 스치는 솔가지 소리를 듣기도 하였겠고 ……. 일본식 방 안에 일본식 책상을 두고 살았던, 이완용이다.

이완용이 주자朱子(1130~1200) 글씨로 자신의 호를 적은 편액을 만들어 걸었다는 점이 흥미롭다. 주자, 곧 주희朱熹는 남송의 이름난 성리학자이자 글씨로도 일가를 이룬 인물이었다. 주희는 젊어서 조조曹操(155~220)의 서체를 배웠다고 한다. 바로《삼국지연의》속 '난세의 간웅' 조조다.

내가 소싯적에 일찍이 조조의 이 〈하첩표賀捷表〉를 배웠는데, 그때 유공劉珙(1122~1178)은 바야흐로 당나라 안진경이 쓴 〈녹포첩鹿脯帖〉을 배우고 있었다. 내가 자획에 고금의 차이가 있다고 이야기하자, 유공이 나에게 "내가 배우는 것은 당나라의 충신이고, 그대가 배우는 것은 한나라의 역적일세"라고 말했다. 그때 나는 묵묵히 아무 말도 할 수 없었다. 이제 여기서 이른 "하늘이 화를 내리니 그 명을 다하지 못하였네[天道禍淫 不終厥命]"라는 구절을 보노라니, 더욱 유공의 말에 느끼는 바가 있도다.

—주희, 〈조조 서첩에 제한다[題曹操帖]〉

주희가 늘그막에 《자치통감강목資治通鑑綱目》에서 조조의 위나라가 아닌 유비劉備(161~223)의 촉한을 정통으로 내세울 정도로 조조를 좋아하지 않았음을 생각하면 퍽 역설적인 대목이다. 그가 젊었을 때 남송에서는 위진魏晉 시대 글씨가 유행했던 모양이다. 한창 거기 빠져 있던 주희는 "그대가 배우는 것은 한나라의 역적일세"라는 말을 듣고 청년기 이후 안진경과 유공권柳公權(778~865)을 배워 자신의 글씨를 변화시켜 나갔다고 한다.

우스운 건 이렇게 크고 좋은 집에 살며 서화를 즐기면서도 이완용은 도통 편안할 수 없었다는 사실이다. 협박장이 날아드는 것은 예사요, 식객으로 들어온 조카뻘 친척이 그를 죽이겠

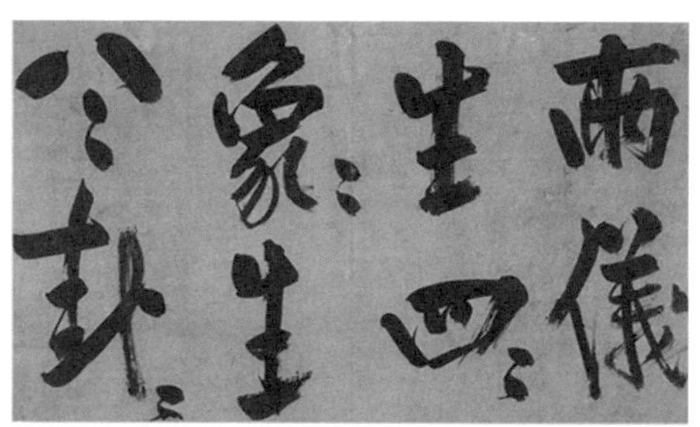

〈그림 25〉 주희, 〈주역 계사전繫辭傳〉(부분).
타이페이 국립고궁박물원 소장. ⓒ 송혁기

다며 칼을 들이대는가 하면, 심지어 일본인 순사가 찾아와 다
짜고짜 돈을 요구하면서 위협하는 일도 있었다.

시내 옥인동에 있는 이완용 후작의 사저에는 요사이 여러
가지 협박장이 들어오므로 그 집안사람은 벌벌 떨고 날을
보내는 중인데 경찰서에서는 그 집 주위를 엄중히 경계하는
중이라 한다.
—《시대일보》1925년 1월 12일 자 기사 중에서

어제 16일 새벽 3시란 한밤중에 시내 옥인동 이완용 후작을
암살하려고 그 집에 묵고 있던 장단長湍 사는 이영구李榮九
라는 청년이 …… 이완용의 침실로 들어가 허리를 발로 밟
고 손을 대려 할 때 (이완용이) 놀라서 소리 지르는 바람에
경호하고 있던 순사에게 붙잡혀 즉시 종로경찰서로 인치引
致되고 바야흐로 엄중히 취조하는 중이라고 한다.
—《시대일보》1925년 12월 17일 자 기사 중에서

그런데 작년(1920년-필자 주) 12월 26일 …… 오후 5시경 정

  〈칼럼 5-이완용 후작의 거실 풍경〉

복을 입고 모자를 쓴 일본인 순사 한 명이 자기 직무상 면회할 일이 있다고 이완용 백작을 방문함에 사자嗣子 이항구가 대신 면회한즉, 그 순사는 서슴지 않고 내놓는 말이 "나는 이씨(이완용—필자 주)와는 일면식이 없지만, 지금 생활 곤란에 견딜 수가 없으니 돈 2,000원을 우선 빌려주시되, 그런데 이 사건이 세상에 탄로나면 나는 곧 면직되는 동시에 이 사건을 발표한 이완용 백작의 신변에도 위험한 일이 있을 터이니 그리 알고 내일 27일 오후 4시까지 2,000원을 준비하라. 그 시각에 다시 올 터이니까……"라고 하였다.

—《개벽》 제8호, 〈사회의 성聲〉 중에서

이완용이 옥인동 19번지에 집을 짓고 이사한 건 1913년 12월 1일의 일이었다. 그럼 그 전에 이완용은 어디서 살았을까? 그의 집은 원래 숭례문 밖 약현藥峴(지금의 서울 중구 중림동 일대)에 있었다. 1907년 7월, 고종이 네덜란드 헤이그에서 열린 제2회 만국평화회의에 특사를 파견해 온 세계에 을사늑약의 불법성을 알린 '헤이그 특사 사건'이 일어난다. 이 사건을 빌미로 일제는 대한제국 총리대신 이완용을 시켜 고종에게 양위,

곧 황제 자리에서 물러날 것을 강요한다. 고종은 이를 끝내 거부하고 황태자에게 대리청정을 명하지만, 일제와 이완용은 그 명을 왜곡하여 황태자를 새 황제(순종)로 앉히고 만다. 이에 분노한 민중 1,000여 명이 7월 20일 총리대신 이완용의 집으로 몰려가 불을 질렀다. 이때 이완용이 가묘家廟에 모시고 있던 선조의 위패가 모두 잿더미로 변했는데, 그는 이 일을 두고두고 가슴 아파했다고 한다. 이렇듯 매국의 길을 본격적으로 걸으면서부터 이완용은 주거의 안정을 꾀할 수 없었다.

집도 절도 없이 나앉게 된 이완용 가족은 두 달 남짓 남산 자락 통감 관저(지금의 서울 중구 예장동 옛 '기억의 터' 자리)와 왜성구락부倭城俱樂部 신세를 지다가 9월에 그의 서형 이윤용의 장교동長橋洞 집에 들어간다. 그러다 해가 바뀌어 1908년 1월, 태황제太皇帝가 된 고종이 저동苧洞 남녕위궁南寧尉宮(지금의 서울 중구 저동1가 대신증권 자리)을 이완용에게 하사하여 이사하게 된다. 남녕위는 순조의 부마 윤의선尹宜善(1823~1887)인데 바로 석촌 윤용구의 양아버지다. 그 남녕위가 살던 궁가宮家에 머물던 이완용과 그 가족은 한일강제병합 직후인 1911년 초 다시 이문동里門洞 순화궁順和宮(지금의 서울 종로구 인사동 태화빌딩 자리)으로

〈칼럼 5-이완용 후작의 거실 풍경〉

거처를 옮긴다.

순화궁 또한 퍽 흥미로운 곳이다. 원래 순화궁은 조선 후기 안동 김씨 세도정치의 핵심 중 하나였던 유관游觀 김흥근金興根(1796~1870)이 살던 태화정太華亭이라는 집이었다. 그런데 헌종

〈그림 26〉《동아일보》1924년 7월 5일 자 〈내동리 명물〉에 실린 인사동 태화관.

읽다 보면 이런 내용이 나온다. "세월이 변하더니 이 북촌 갑제甲第(좋은 집)가 일시 남부끄러운 주인을 맞게 되었었습니다. 이완용 후작이 이 집을 팔아서 이 집이 요릿집이 되기 시작하여 태화관이 되었고 명월관 지점이 되었었습니다." 그러나 이완용은 이 집을 세주었을 뿐, '팔아서' 요릿집이 된 것은 아니다. 이처럼 〈내동리 명물〉은 간혹 사실관계가 틀리는 경우가 있어서 인용할 때 유의해야 한다. 〈독립문〉 편액을 이완용이 썼다는 〈내동리 명물〉의 주장을 바로 받아들일 수 없는 이유다.

이 총애하던 후궁 경빈 김씨(1831~1907)가 헌종 사후 궁을 나와 이 집에 살면서 '순화궁'이라는 궁호가 붙는다. 1907년 6월 경빈 김씨가 죽은 뒤 당시 궁내부 대신이던 이윤용이 순화궁을 차지했고, 그가 잠깐 이사해 살다가 1911년 3월 다시 동생에게 팔았다. 이렇게 이완용의 집이 된 순화궁은《일당선고일기》에도 '이문동가里門洞家'로 나온다. 이완용은 여기서 2년 반 남짓 살다가 옥인동으로 이사한다.《양경거류지》를 보면 이완용이 이사한 뒤인 1914년 10월 '태화정'에《경성일보》사장 아베 미쓰이에가 잠시 살았다고 한다. 그로부터 두 달 뒤 이 '태화정'은 여관 '태화관太和館'으로 바뀌고, 1년 뒤인 1916년 11월엔 다시 '조선요리'를 파는 요릿집 태화관으로 변한다. 그렇게 집의 성격이 여러 차례 바뀌는 와중에도 이완용은 이 집의 소유권을 놓지 않았다. 여관 주인과 요릿집 주인이 이완용에게 세를 물고 장사를 한 것이다. 1917년 9월 태화관이 저 유명한 요릿집 명월관明月館의 지점으로 편입되는데, 그때도 집의 소유주는 이완용이었다.

왜 이렇게 이 집의 내력을 장황하게 읊었을까. 이곳에서 일

 〈칼럼 5-이완용 후작의 거실 풍경〉

어난 한 사건 때문이다. 1919년 3월 1일 오후 2시, 민족대표 스물아홉 명이 태화관에 모여 독립선언서를 낭독하고 "대한 독립 만세"를 세 번 외쳤다. 이윽고 근처 탑골공원에서도 만세 소리가 울려 퍼졌다. 3·1운동의 시작이었다. 이로 인해 자기가 한때나마 살았던 집에 완전히 정나미가 떨어졌는지, 이완용은 3·1운동의 여운이 가시지도 않은 1919년 9월부터 이 집을 매물로 내놓았다. 협상 끝에 1920년 9월 미국 남감리교회 선교본부가 20만 원을 주고 이완용에게서 태화관을 사들였다. 그 이후 더 이상의 자세한 이야기는 생략하겠다.

나오며

이상으로 이완용이라는 확대경으로 들여다본 근대 한국의 서화계와 그 시절 붓글씨 이야기를 얼추 얽어 보았다. 글을 쓰는 내내 '이완용'이라는 인물과 그의 시대를 너무 쉽게 생각한 건 아닌가 하는 걱정이 끊이지 않았지만, 조그맣게나마 책을 엮을 만큼의 이야기를 끌어낼 수는 있었다. 물론 이 책을 씀으로써 의문을 모두 해결한 건 아니다. 오히려 이 책은 앞으로 이러이러한 걸 더 풀어 나가야 하지 않겠는가 하는 문제 제기에 가깝다. 예컨대 시기에 따라 이완용의 글씨가 어떻게 변화하였는지 같은 문제를 제기할 수 있겠는데, 이에 답하기 위해서는 기년紀年이 있는 이완용 글씨를 수집 정리하여 편년을 정리하는 작업이 필요하다. 이러한 작업은 이 책을 쓰는 나 자신을 포함한 여러 연구자가 해야 할 테고 또 해 낼 것이다. 언제나 그랬듯이.

근대 지식인 이완용은 당대 어느 누구보다 높은 정치적 위상을 갖고 있었고 또 상당한 수준의 붓글씨 실력을 갖추고 있었다. 이것이 그가 '명필'로 세상에 드러나는 한편 서화가와 친교를 나누고 그들을 후원하며 서화계, 다시 말해 예술계에 영향력을 행사할 수 있었던 까닭이다. 과거와 달리 이 시기에는 서화에 대한 사회 전반의 인식 수준이 높아졌고, 서화가를 바라보는 눈도 달라졌다. 이는 18세기 이래 서화를 애호하던 조선 상층 사회의 분위기가 이어진 동시에, 서화가를 높이 평가한 당시 일본의 영향이 크게 작용한 결과였다. 교육과 출판 등을 통해 서화를 즐길 수 있는 이들이 늘어난 점도 한몫했다.

이완용이 살았던 동아시아의 근대는 전통적 문화를 다시 인식하고 새롭게 평가하려는 움직임이 강하게 일어나던 시대였다. 역설적이게도 이는 당시 쏟아져 들어오던 서양 기술과 학문을 통해 가능했다. 이러한 시대의 분위기 또한 이완용이 정치인이 아닌 능서가能書家로서, 예술인의 후원자로서 존재감을 드러낼 무대를 제공했다.

이런 점들을 간과한다면 '이완용'이라는 인물이 근대 한국 미술사에 등장하며 보여 주는 여러 가지 모습을 이해하기 쉽지 않다. 이는 곧 오늘을 사는 우리가 근대 한국 미술사의 다양한 장면을 파악하기 어렵게 된다는 말과 통한다.

하지만 이완용이 글씨를 잘 썼든 말든, 예술계에 영향이 컸든 말든, 나라를 팔아먹은 매국노일 수밖에 없는 그런 자를 굳이 연구할 필요가 있느냐고 묻는 분이 계실지도 모르겠다. 그런 분들에게는 《시경》에 나오는 "채봉채비采葑采菲 무이하체無以下體"라는 구절로 답하고자 한다. 무를 캐는 이유는 뿌리에만 있지 않다는 뜻이다. 땅속의 뿌리가 썩었다

〈그림 27〉 이완용, 〈행서 사언시〉.
필자 소장.

할지라도, 무청 부분을 잘라 낸 뒤 잘 말
려서 시래기로 만들면 얼마든지 훌륭한
반찬거리 국거리가 되지 않던가. 또 그것
이 우리를 돌아보게 만드는 반면교사도
될 수 있을 테고 말이다. 우리 옆에, 과연
시세의 흐름에 영합하다 못해 갈 길을 잃
고 제 작품 가치마저 떨군 '이완용' 같은
이가 또 없겠는가? 굳이 이완용 이야기
를, 그가 저승에 행차한 지 딱 일백년 되
는 지금 꺼낸 이유가 여기에 있다.

　이 책을 쓰면서, 서재 벽에 이완용의 글
씨 한 폭을 걸어 두었다. '역사 컬렉터' 박
건호 선생님한테서 자료 교환의 형식으로
얻은 것이다. 세로로 긴 반절 종이에 거침
없이 사언시四言詩를 써 내려간 작품으로,
지금껏 만난 이완용의 글씨 중에서도 호

나오며

방한 맛이 두드러진다. 타닥타닥 자판을 두드리며 글을 쓰다 때로 고개를 들어 이 글씨를 바라보곤 했는데, 내용은 다음과 같다.

봄은 형체 없이 이르나니　　春至無形

때가 되면 자취가 생기네　　因時生迹

하늘은 길이 늙지 않으니　　天長不老

옛날로써 나이를 삼는다네　　以古爲年

보고 있노라면 온갖 생각이 든다. 아마 그가 한창 뜻을 얻어 세도를 부리던 어느 봄날, 붓에 먹물을 담뿍 찍어 써 내려갔던 모양이다. "허허허……" 하는 너털웃음을 지으며 신들린 듯 붓을 놀리고 마지막 '년

〈그림 28〉 이완용 마애명.
제주 제주시 오라동 방선문訪仙門 계곡 소재. 1906년 11월 학부대신 이완용이
전라남도 일대 학교 시찰차 제주에 왔을 때 계곡을 들러 노닐며 새긴 것이다.
해방 직후, 근처에 살던 사람들이 전부 쪼아 버렸다고 전한다. ⓒ 강정효

273

年’ 자의 끝획을 쭈우욱 긋는 일당 대감 이완용의 모습이 그려진다. 이 글씨를 받았을 이는 얼마나 흐뭇했을까. “입신入神의 묘경妙境을 얻었다”는 글씨를 받았으니 그의 입꼬리는 분명 씨익 올라갔으리라.

하지만 이완용이 죽은 지 20년도 안 되어 나라는 해방된다. 그와 동시에 ‘매국노’ 이완용 글씨의 값어치도 바닥으로 떨어졌다. 한때는 표구사에서 그의 글씨를 가져다가 다른 이의 작품을 표구할 때 뒤에 풀칠해서 바르는 배접지로 쓰기도 했다고 한다. 아무리 재주가 있는 인물이었다 한들, 나라를 팔아가며 권력과 영화를 누린다면 그 끝이 얼마나 허망하고 덧없는지 알 만하다. 누렇게 바랜 종이 위에 중축이 기울어진 저 힘찬 글자 획이, 그래서 더욱 딱하고 가엾다.

곧잘 시대가 영웅을 만들기도 하나 때로는 시대가 한 인물을 삼키기도 한다. 그는 분명히 글도 잘 짓고 글씨도 잘 쓰며 예술도 이해하고 머리도 좋아서 훌륭한 교양인으로 남을 수도 있었으나 마음하나 잘못 먹은 탓으로 영원한 매국노가 된 것이다.

—이이화李離和(1937~2020), 〈이완용의 곡예—친미·친로에서 친일로〉 중에서

《高宗實錄》

《東國李相國集》

《梅泉野錄》

《韶濩堂文集》

《韶濩堂詩集》

《純宗實錄(附錄)》

《承政院日記》

《燃藜室記述》

《英祖實錄》

《阮堂先生全集》

《雲養集》

《尹致昊日記》

《新增東國輿地勝覽》

《駐韓日本公使館記錄》

《崇禎後五壬午慶科增廣文武科殿試榜目》

《京鄕新聞》

《大韓每日申報》

《大韓民報》

《독립신문》

《東亞日報》

《每日申報》

《釜山日報》

《時代日報》

《朝鮮新聞》

《朝鮮日報》

《皇城新聞》

金圭鎭,《海岡日記》(친필본, 성균관대학교박물관 소장).

金台錫,《惺齋印譜》(날인본, 개인 소장).

吳世昌 編,《槿墨》(친필본, 성균관대학교박물관 소장).

李完用,《一堂書抄遺集》(필사본, 국립중앙도서관 소장).

李完用,《一堂先考日記》(필사본, 국립중앙도서관 소장).

岡良助,《京城繁昌記》, 博文社, 1915.

京城美術俱樂部 編,《書畵並ニ朝鮮陶器展觀賣立》, 京城美術俱樂部, 연대 미상.

國民新聞社 編,《白隱和尙遺墨集》, 民友社, 1914.

金明秀 編,《一堂紀事》, 一堂紀事出版社, 1927.

德富猪一郎,《兩京去留誌》, 民友社, 1915.

德富猪一郎,《成簣堂閑記》, 書物展望社, 1933.

白斗鏞 編,《海東歷代名家筆譜 (一~六)》, 翰南書林, 1926.

山縣公爵傳記編纂會 編纂,《素空公墨蘭畵存》, 山縣公爵傳記編纂會, 1929.

成田碩內 編,《以文會誌》丙辰 2, 以文會, 1916.

成田碩內 編,《以文會誌》丁巳 2, 以文會, 1917.

梁在廈,《春秋》2-2, 1941.

吳世昌,《槿域書畫徵》, 啓明俱樂部, 1928.

李敦化 編,《開闢》8, 開闢社, 1921.

李敦化 編,《開闢》29, 開闢社, 1922.

李王家博物館 編,《李王家博物館所藏品寫眞帖 (上·中·下)》, 李王職, 1918.

齋藤實 撰,《一堂李侯爵神道碑》, 출판사 미상, 1933.

朝鮮寫眞通信社 編,《第18回 朝鮮美術展覽會圖錄》, 朝鮮寫眞通信社, 1939.

佐佐木兆治 述,《京城美術俱樂部創業二十年記念誌》, 京城美術俱樂部, 1942.

강성호,《서점의 시대》, 나무연필, 2022.

간송미술문화재단 편,《澗松文華: 葆華閣》, 간송미술문화재단, 2024.

구본진,《필적은 말한다》, 중앙북스, 2009.

국가유산청 궁능유적본부 덕수궁관리소 편,《모던라이트—대한제국 황실 조명》, 국
　가유산청, 2024.

국립문화재연구소 미술문화재연구실,《한국 역대 서화가 사전 (상·하)》, 예맥, 2004.

국립현대미술관,《미술관에 書: 한국 근현대 서예전》, 국립현대미술관, 2020.

김경연·이기웅·김미나,《표구의 사회사》, 연립서가, 2022.

김상엽·황정수 편,《경매된 서화: 일제시대 경매도록 수록의 고서화》, 시공사, 2005.

김상엽 편,《한국근대미술시장사자료집 (1~6)》, 경인문화사, 2015.

김영기,《中國大陸藝術紀行》, 예경산업사, 1990.

김윤희,《이완용 평전》, 한겨레신문사, 2023.

김은호,《書畫百年》, 중앙일보·동양방송, 1977.

김을한 편,《月南先生逸話集》, 대한민주여론협회, 1956.

김종성,《친일파의 재산》, 북피움, 2024. 11

김충현,《근역서보—한국의 명필 150인》, 한울엠플러스(주), 2016.

동농문화재단,《동농 김가진 서예전—백운서경白雲書境》, 여백커뮤니케이션, 2024.

문순태,《毅齋 許百鍊》, 중앙일보·동양방송, 1977.

문화재청 편, 《궁궐의 현판과 주련 (1·2·3)》, 수류산방, 2007.

민족문제연구소 편, 《친일인명사전 (1·2·3)》, 민족문제연구소, 2009.

박건호, 《컬렉터, 역사를 수집하다》, 휴머니스트, 2020.

박병래, 《陶磁餘滴》, 중앙일보사, 1974.

박성원·이기현 편, 《석정 이정직》, 국립전주박물관, 2022.

박현수, 《식민지의 식탁》, 이숲, 2022.

백창민, 《이토록 역사적인 도서관》, 한겨레출판, 2025.

서울역사박물관, 《조국으로 가는 길》, 서울역사박물관, 2013.

손영옥, 《미술시장의 탄생》, 푸른역사, 2020.

안중근, 《안중근 의사 자서전》, 범우사, 2000.

안현정, 《근대의 시선, 조선미술전람회》, 이학사, 2012.

오세창 편, 《槿域印藪》, 국회도서관, 1968.

오윤영·오윤경, 《각자장》, 국립문화재연구소, 1999.

윤경렬, 《마지막 신라인 윤경렬》, 학고재, 1997.

윤덕한, 《이완용 평전》, 중심, 1999.

이겸로, 《通文館 책방비화》, 민학회, 1987.

이구열, 《畫壇一境》, 동양출판사, 1968.

______, 《近代 韓國畫의 흐름》, 미진사, 1983.

______, 《近代韓國美術史의 硏究》, 미진사, 1992.

______, 《한국문화재 수난사》, 돌베개, 1996.

______, 《우리 근대미술 뒷이야기》, 돌베개, 2005.

이규일, 《한국미술 졸보기》, 시공사, 2002.

이동민, 《한국 근·현대 서예사》, 수필과비평사, 2011.

이병칠 편, 《牛峯李氏世譜 (仁·義·禮·智)》, 우봉 이씨 대종회, 2002.

이순우, 《테라우치 총독, 조선의 꽃이 되다》, 하늘재, 2004.

이순우, 《그들은 정말 조선을 사랑했을까?》, 하늘재, 2005.

참고문헌

이순우, 《통감관저, 잊혀진 경술국치의 현장》, 하늘재, 2010.

이성혜, 《한국 근대 서화의 생산과 유통》, 해피북미디어, 2014.

이충렬, 《간송 전형필》, 김영사, 2010.

일중선생기념사업회 주최, 《一中, 시대의 중심에서: 일중 김충현 탄생 100주년 기념
　　전》, 백악미술관, 2021.

임종국, 《밤의 일제 침략사》, 한빛문화사, 1983.

임지현 외, 《국사의 신화를 넘어서》, 후마니타스, 2004.

장우성, 《畵室隨想》, 예서원, 1999.

전진성, 《박물관의 탄생》, 살림, 2004.

정운현, 《친일·숭미에 살어리랏다―배반의 역사 수구의 로망》, 책으로보는세상, 2012.

정일성, 《도쿠토미 소호》, 지식산업사, 2005.

정정화, 《長江日記》, 학민사, 1998.

㈜演慶堂건축 편, 《(史蹟 第32號) 서울 獨立門: 記錄化事業 報告書》, 서대문구청,
　　2020.

진단학회 편, 《歷史家의 遺香》, 일조각, 1991.

최석영, 《한국박물관 역사와 전망》, 민속원, 2012.

최완수·정병삼 편, 《澗松文華 33》, 한국민족미술연구소, 1987.

최열, 《한국근현대미술사학》, 청년사, 2010.

최지혜, 《경성 백화점 상품 박물지》, 혜화1117, 2023.

한국서예학회 편, 《한국서예사》, 미진사, 2017.

홍선표, 《한국 근대미술사》, 시공아트, 2009.

홍선표 편, 《동아시아 미술의 근대와 근대성》, 학고재, 2009.

황정수, 《일본 화가들 조선을 그리다》, 이숲, 2018.

황정수, 《경성의 화가들, 근대를 거닐다―서촌편》, 푸른역사, 2023.

사또 도신, 최석영 옮김, 《'일본미술'의 탄생―근대일본의 단어와 전략》, 민속원, 2018.

줄리아 F. 앤드루스·쿠이 션, 이희정 옮김, 《중국 근현대 미술》, 미진사, 2023.

하쓰다 토오루, 이태문 옮김,《백화점—도시문화의 근대》, 논형, 2003.

杉浦妙子,《入門日本書道史》, 藝術新聞社, 2019.

魚住和晃,《日本書道史新論》, 筑摩書房, 2024.

강명관,〈일제 초 구 지식인의 문예활동과 그 친일적 성격〉,《창작과 비평》62, 1988.

강민경,〈金澤榮의 1909년 歸國과 安中植 筆〈碧樹居士亭圖〉〉,《美術資料》99, 2021.

______,〈《조선관계문헌목록朝鮮關係文獻目錄》 해제〉,《문헌과 해석》93, 2023.

권행가,〈1930년대 古書畵展覽會와 경성의 미술 시장〉,《한국근현대미술사학》19, 2008.

김상엽,〈한국 근대의 골동시장과 京城美術俱樂部〉,《東洋古典研究》19, 2003.

______,〈일제시대 경매도록 수록 고서화의 의의〉,《東洋古典研究》23, 2005.

______,〈경성의 미술시장과 일본인 수장가〉,《한국근현대미술사학》27, 2014.

김세민,〈북촌 翠雲亭과 白鹿洞 亭子에 대한 재검토〉,《서울과 역사》92, 2016.

김용태,〈김윤식과 스에마쓰 겐초의 시문 수창에 대하여〉,《冽上古典研究》42, 2014.

김재석,〈獨立門 移轉工事를 마치고〉,《大韓土木學會誌》28, 1980.

김종수,〈일제 식민지 문학서적의 근대적 위상〉,《우리어문연구》41, 2011.

목수현,〈1930년대 경성의 전시공간〉,《한국근현대미술사학》20, 2009.

박순원,〈우리가 잃어버린 고급전통문화—한국근대화와 전통表具문화의 변화를 中
　心으로〉,《國史館論叢》75, 1997.

박영미,〈森槐南의 경우로 본 애국계몽기 지식인의 對日 인식〉,《한문학논집》33,
　2011.

박영미,〈《雲養集》의 重刊에 대한 문화사적 탐색—金允植과《雲養集》, 그리고 도쿠토
　미 소호德富蘇峰〉,《韓國漢文學研究》80, 2020.

박영석,〈李完用研究—親美·親露·親日派로서의 行爲를 中心으로〉,《國史館論叢》32,
　1992.

양선하,〈근대기 서화합작품 연구〉,《美術史論壇》29, 2009.

유선미·성인근,〈독립문 편액 서자書者 연구〉,《書藝學研究》41, 2022.

유지복, 〈1908년 일·청에서 출판한 金台錫 印譜 연구〉, 《震檀學報》 137, 2021.

유지복, 〈조선미술전람회와 김돈희〉, 《東洋學》 90, 2023.

이민희, 〈翰南書林의 白斗鏞 연구〉, 《古典文學硏究》 37, 2010.

이성혜, 〈20세기 초 한국 서화가의 존재 방식과 양상〉, 《東洋漢文學硏究》 28, 2009.

이성혜, 〈오키나와로 전파된 海岡 金圭鎭의 書藝—김규진의 제자 자하나 운세키謝花 雲石〉, 《퇴계학논총》 38, 2021.

이안나, 〈일제강점기 인장을 통해 본 한·일 서화가의 교류〉, 《한국근현대미술사학》 49, 2025.

이연숙, 〈惺齋 金台錫의 篆刻 연구〉, 《書藝學硏究》 10, 2007.

이이화, 〈이완용의 곡예—친미·친로에서 친일로〉, 《역사비평》 17, 1992.

장상훈, 〈일제의 식민정책과 조선 궁궐의 훼철〉, 국립중앙박물관 고고역사부 편, 《國立中央博物館 所藏 懸板》, 예맥, 2021.

전상모, 〈전람회를 통해 본 한국 근·현대의 서예〉, 《동양예술》 46, 2020.

전상모, 〈한국 근대서예 연구(2)〉, 《陽明學》 67, 2022.

조민환, 〈일제강점기 서화작품에 나타난 항일의식 연구〉, 《동양예술》 54, 2022.

조은솔, 〈일제강점기 李王家의 미술 애호: 英親王을 중심으로〉, 《미술사연구》 29, 2015.

최경현, 〈근대 한국 화단에서의 즉석 휘호 합작과 변형〉, 《미술사연구》 36, 2019.

한길로, 〈이토 히로부미 송별 풍경과 찬양시의 실상〉, 《국제어문》 65, 2015.

한길로, 〈일제 말 구 지식인의 이토 히로부미 추도시 연구〉, 《한국문학연구》 53, 2017.

홍윤리, 〈《吳之湖·金周經 二人畵集》 연구〉, 《한국근현대미술사학》 22, 2011.

황영원, 〈국경을 넘나들던 친일파—이완용과 근대 중국의 '매국노' 담론(1905~1945)〉, 《中國近現代史研究》 90, 2021.

황위주, 〈日帝强占期 以文會의 結成과 活動〉, 《대동한문학》 33, 2010.

김현정, 《1910년 전후 '서울 북촌' 연구》, 서울시립대학교 국사학과 박사학위 논문, 2025.

배우희, 〈조선민족대동단의 항일독립운동 연구(1919~1922)〉, 숭실대학교 사학과 석사학위 논문, 2024.

徐蕾, 〈朱熹书法观研究〉, 《美与时代》第26期, 2023.

김태완, 〈[추적] '親日 賣國奴' 李完用의 글씨를 찾아서―李完用의 필적, 무덤에서 일
어나다〉, 《월간조선》 2009년 12월호, 2009.

정지환, 〈미스터리 역사논쟁―독립문 현판, 이완용이 썼나 김가진이 썼나〉, 《말》 146,
1998.

국립국어원 표준국어대사전(https://stdict.korean.go.kr/search/searchView.do)

국립중앙도서관(https://www.nl.go.kr/)

국립중앙도서관 대한민국 신문아카이브(https://nl.go.kr/newspaper/)

국립중앙박물관 e뮤지엄(https://www.emuseum.go.kr/main)

국사편찬위원회 한국사데이터베이스(https://db.history.go.kr/)

네이버 뉴스 라이브러리(https://newslibrary.naver.com/search/searchByDate.naver)

서울역사박물관 서울역사아카이브(https://museum.seoul.go.kr/archive/NR_index.do)

한국고전번역원 한국고전종합DB(https://db.itkc.or.kr/)

한국학중앙연구원 디지털장서각(https://jsg.aks.ac.kr/)

한국학중앙연구원 한국민족문화대백과사전(https://encykorea.aks.ac.kr/)

일본 國立國會圖書館(https://www.ndl.go.jp/ko/index.html)

KBS 1TV, 《TV 역사저널》, 〈인물탐구 이완용〉(1998년 9월 22일 방영)

찾아보기

탁본 119, 226~228, 230, 232, 238

태고 보우 59

태화관(순화궁)

《흠정서청연보》 201

흥선대원군(이하응)

히다이 텐라이 127

[ㅍ~ㅎ]

편액(현판)

표구 151, 156, 247, 274

하동주 52

하라 다카시 195, 196

하소기 63, 117, 230

하쿠인 에가쿠(백은 혜학)

한남서림 235, 251~253

한성구락원(취운정) 197, 198

한호 99, 230

합작도 136, 138

《해강난보》 233

《해강일기》 122, 151

《해동역대명가필보》 234~236, 251~253

허백련 187, 189, 245

현진건 154, 155

현채 40, 177, 235

현판 8, 28, 42~45, 78, 81, 83, 85, 89,
    90, 92~97, 100~106, 131, 151, 247,
    267

《황성신문》 48, 182, 246

황현 90, 91